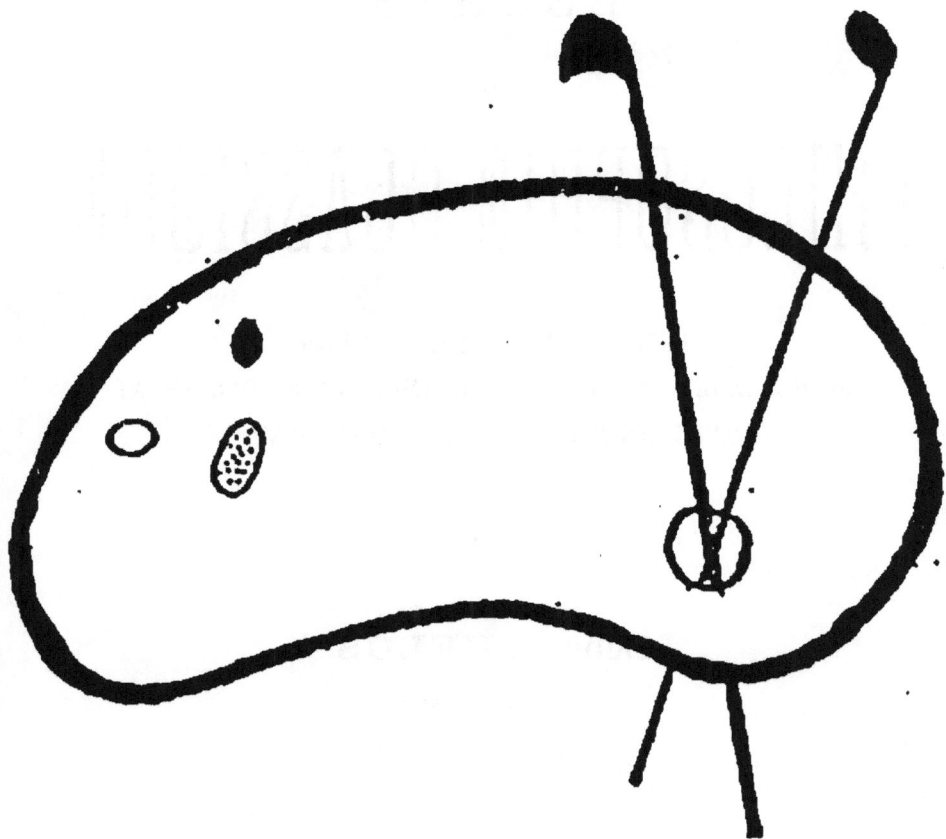

DEBUT D'UNE SERIE DE DOCUMENTS
EN COULEUR

ESSAIS

DE

PHILOSOPHIE CLASSIQUE

RECUEIL DE DIFFÉRENTS SUJETS
PROPOSÉS HABITUELLEMENT AUX EXAMENS DE BACCALAURÉAT
AVEC DES MODÈLES DE DÉVELOPPEMENT

PAR

Léon DUFLOS

Licencié en droit

PARIS

HENRI JOUVE, ÉDITEUR

52, Boulevard Saint-Michel, 52

1885

In.p. A. DERENNE, Mayenne. — Paris, boulev. Saint-Michel, 52.

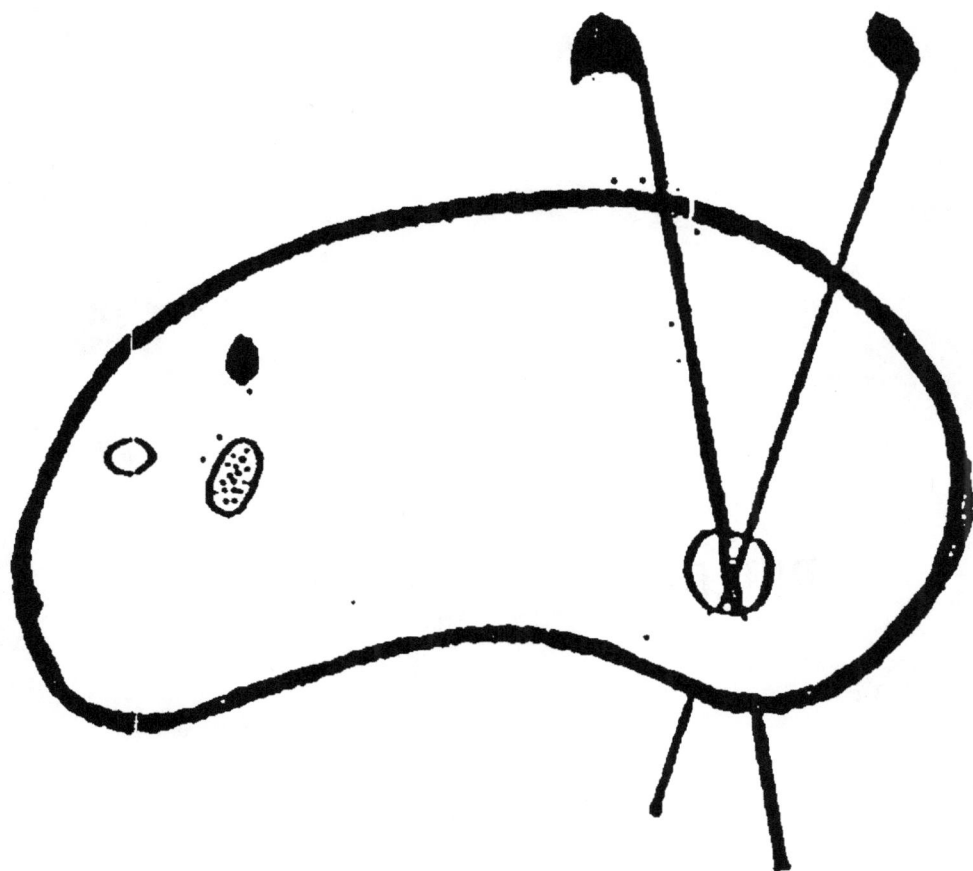

FIN D'UNE SERIE DE DOCUMENTS
EN COULEUR

ESSAIS

DE

PHILOSOPHIE CLASSIQUE

ESSAIS

DE

PHILOSOPHIE CLASSIQUE

RECUEIL DE DIFFÉRENTS SUJETS
PROPOSÉS HABITUELLEMENT AUX EXAMENS DE BACCALAURÉAT
AVEC DES MODÈLES DE DÉVELOPPEMENT

PAR

Léon DUFLOS

Licencié en droit

PARIS

HENRI JOUVE, ÉDITEUR

52, Boulevard Saint-Michel, 52

1885

A M. J. LOUIS

*Humble hommage
de l'élève au maître.*

<·-·>

AVANT-PROPOS

En publiant ces essais de philosophie, je n'ai pas la prétention d'offrir à la jeunesse studieuse, un traité complet et détaillé sur cette partie de l'enseignement. Mon seul but est de venir en aide aux élèves de philosophie et aux candidats au baccalauréat ès-lettres, ou ès-sciences, en leur fournissant des modèles de développements sur les différents sujets proposés habituellement aux examens. — Les élèves qui ont besoin d'être guidés et soutenus dans leur travail, trouveront de précieuses ressources dans ces dissertations; ils pourront en toute sécurité en adopter le plan et les idées, en les reproduisant toutefois, sous une autre forme. Ceux qui préfèrent donner à leurs travaux un caractère plus personnel, puiseront aussi dans ce recueil d'utiles renseignements.

Quant aux candidats au baccalauréat, qu'ils étudient attentivement ces dissertations, qu'ils fassent une sorte de résumé, indiquant le plan et les idées principales de chacune d'elles, et ils pourront sans crainte, se présenter aux examens.

Bien que cet ouvrage soit spécialement écrit en vue du baccalauréat, il a, par sa composition même, un avantage que n'ont pas les traités classiques ; c'est de grouper dans un ordre méthodique, et d'exposer sous une forme attrayante, les questions les plus intéressantes de la philosophie moderne. — Il offrira ainsi de courtes et agréables lectures aux personnes qui voudraient s'initier sans fatigue à ces questions, et leur évitera d'ennuyeuses recherches à travers les détails arides d'un traité complet de philosophie.

Et maintenant, qu'il me soit permis d'offrir l'hommage de ma reconnaissance à M. Louis, mon ancien professeur, à qui je dois la plupart des idées développées dans ces essais de philosophie.

LÉON DUFLOS.

ESSAIS

DE

PHILOSOPHIE CLASSIQUE

1re DISSERTATION

Utilité de la philosophie

Le premier précepte de la sagesse est assurément la maxime de Socrate : γνωθι σεαυτον, *connais-toi toi-même.* L'homme doit avant tout, chercher à se connaître lui-même, à connaître Dieu qui lui a donné l'existence, l'âme, souffle immortel émané de Dieu, la science du bien, et l'art de diriger les forces de l'intelligence. La philosophie embrasse toutes ces connaissances, et se subdivise en autant de parties qu'elle a d'objets. La *psychologie*, ou l'étude de l'âme, révèle à l'homme la noblesse de sa nature et de son origine. — La *logique* lui donne le pouvoir d'utiliser toutes les ressources de son intelligence. — La *morale* lui enseigne à trouver le bonheur dans l'accomplissement du devoir, et enfin, la *théodicée* lui permet d'élever ses regards jusqu'à Dieu.

1.

La philosophie est donc la première et la plus utile des sciences, et son étude ne peut que développer le cœur et fortifier l'esprit. L'homme qui ne cherche point à connaître les facultés qui lui ont été données, n'a point conscience de sa force ; il se laisse diriger par ses instincts sans s'en rendre compte, et peu à peu, ces dons précieux qu'il a méconnus se perdent et s'anéantissent. Ses inclinations naturelles étouffent peu à peu ses facultés morales ; il perd sa dignité d'homme, et se rapproche de la bête. — Au contraire, celui qui sait apprécier toute l'étendue de son intelligence, cherche à s'élever de plus en plus vers Dieu ; tout pénétré de la divine nature de son âme il ressent avec peine ces instincts physiques qui lui sont encore communs avec les animaux, et il cherche à les maîtriser pour diminuer autant que possible cette ressemblance qui l'humilie. Ainsi la philosophie purifie les mœurs et élève l'âme ; elle développe de plus en plus les facultés intellectuelles ; l'imagination devient plus vive, l'esprit plus pénétrant, le jugement plus droit ; et plus l'esprit acquiert de pénétration et de vivacité, plus il désire apprendre et s'instruire encore.

Ainsi, à force d'études, l'homme parvient à se connaître lui-même, à analyser ses sentiments, à concevoir les attributs de la divinité. Et si ces analyses et ces explications diffèrent quelquefois, si les philosophes ne s'accordent pas entièrement dans leurs enseignements, il ne faut pas pour cela accuser la philosophie de n'avoir pas atteint son but, et d'être inutile : la philosophie étant une science toute d'examen et de recherches, les avis des différents savants qui se sont livrés à cette étude ne peuvent tous concorder exactement. — La divergence d'opinions est une conséquence inévitable de l'esprit de recherche. Mais si les philosophes ne s'accordent pas sur différents détails, ils sont tous d'accord sur les doctrines essentielles. Ces doctrines ont pu subir diverses modifications selon les différentes époques qu'elles ont traversées ; elles peuvent varier légèrement selon les temps, les pays et l'état des esprits ; mais toujours elles ont eu pour but de diriger l'humanité dans l'accomplissement de ses destinées morales, sociales, politiques et religieuses. Ce n'est du reste qu'à force de tâtonnements et de recherches que l'on peut approfondir toutes ces grandes questions, et la religion qui, en s'appuyant sur les traditions du passé, nous impose ses dogmes sans nous permettre de les discuter, ne satisfait point ce besoin que nous avons de raisonner et de nous rendre compte. — Il y a en nous un invincible désir de connaître notre fin dernière, et le but de notre création. La religion peut répondre à cette aspiration, à ce désir, par l'autorité avec laquelle elle affirme tout ce qu'elle enseigne ; mais la foi est bien plus solide quand elle est appuyée sur la raison ; l'homme qui est parvenu à croire à force de raisonnements est inébranlable dans ses convictions.

Ainsi la philosophie élève notre âme, développe notre esprit, éclaire et fortifie notre foi. — Elle est notre consolation, notre guide et notre soutien, et l'on comprend l'admiration de Cicéron qui s'écriait : « O philosophie ! Guide et flambeau de la vie, mieux vaut un seul jour passé selon tes préceptes, que toute une immortalité écoulée contrairement à tes lois. » — (Tusculanes, V. 5.)

2ᵐᵉ DISSERTATION

Rapports de l'éloquence et de la Philosophie

Il n'est pas une science qui n'emprunte à la philosophie ses principes fondamentaux ; toutes ont avec elle
des rapports plus ou moins étroits, et non seulement les
sciences, mais encore les arts tirent d'elle leurs lois et
leurs conditions essentielles.

L'historien ne saurait bien comprendre l'humanité s'il
ne se demandait quelles lois président à son évolution ;
le grammairien ne pourrait étudier à fond les langues
sans en chercher l'origine.

L'artiste ne pourrait exercer un art, sans connaître
par quels moyens l'imagination arrive à la formation de
l'idéal. — L'art oratoire comme tous les autres, a donc
aussi la philosophie pour auxiliaire indispensable. Chacune des parties de la philosophie concourt à donner à
l'éloquence un nouveau degré de force et lui est d'une
utilité incontestable.

I. — Qu'est-ce, en effet, que l'éloquence? C'est l'art
de convaincre et de persuader. — Le but qu'elle se pro-
pose est donc double: entraîner l'adhésion de l'intelligence, et émouvoir la sensibilité. Pour atteindre ce dernier but, l'orateur doit être psychologue. On ne peut
donner des règles générales et invariables de l'art d'a-
gréer, car les principes du plaisir ne sont pas stables, et
varient d'un homme à un autre, et souvent dans le même

homme, suivant les différentes époques de sa vie. L'orateur devra donc rechercher quelle sorte de discours convient le mieux à chacun en particulier; il étudiera, non seulement l'âme humaine en général, mais encore les différentes espèces d'âmes, pour pouvoir approprier ses discours aux divers caractères. Il observera les mœurs du jeune homme et celles du vieillard, le caractère du riche et celui du pauvre, les sentiments du savant et ceux de l'ignorant, afin d'opérer, par des discours habilement appropriés à chacun de ces caractères, cette douce *conduite des cœurs*, la ψυχαγωγία de Platon.

II. — L'éloquence s'adresse non seulement au cœur, mais encore à l'esprit. Elle a pour but, non seulement de persuader, mais aussi de convaincre. Or, l'éloquence ne peut atteindre ce but sans la logique. C'est par la logique que l'orateur apprendra à disposer ses arguments de la façon la plus propre à faire naître la conviction dans l'esprit de ses auditeurs. L'art oratoire ne consiste pas à arranger harmonieusement des mots, à construire habilement des phrases; mais aux grâces de la parole, à l'harmonie du langage, doivent s'unir le rigoureux enchaînement des pensées, l'ordre, la clarté, la liaison des idées, pour satisfaire l'intelligence, en même temps que flatter l'oreille; or, quelle science, sinon la logique, permettra à l'orateur de mettre dans ses idées et ses arguments, cet ordre, cette liaison indispensable pour entraîner la conviction?

III. — L'alliance n'est pas moins étroite entre l'éloquence et la morale : l'homme de bien seul possède la véritable éloquence (l'homme digne d'être écouté, dit Fénelon, est celui qui ne se sert de la parole que pour

la pensée, et de la pensée que pour la vérité et la vertu).
L'orateur plus disposé à flatter les passions de la foule,
à se concilier les bonnes grâces du pouvoir, qu'à faire
prévaloir l'équité, n'est plus digne d'être appelé ainsi ;
il n'est plus, comme le dit encore Fénelon (qu'un parleur
de métier qui fait de ses paroles ce qu'un charlatan
fait de ses remèdes). L'éloquence, au service de l'injustice, ce n'est plus cet art sublime de l'orateur, c'est un
métier méprisable, c'est, comme le dit Platon, un art
faux, un art dégénéré (comme la cuisine est une réduc-
tion de la médecine, et la toilette, de la gymnastique)....
— Cette opinion est peut-être exagérée ; il faut reconnaître que quelquefois aussi, la véritable éloquence est
au service de l'injustice, c'est une éloquence dévoyée et
funeste, ce n'en est pas moins l'éloquence. Nous ne pouvons donc qu'admirer, sans la partager tout à fait, cette
grande pensée qui ne fait consister l'éloquence que dans
la défense de l'équité et du bon droit.

IV. — Enfin la théodicée elle-même fournit à l'éloquence religieuse de puissants secours. A côté du besoin de croire, il y a dans notre esprit le besoin de
comprendre. En proclamant les dogmes théologiques,
l'orateur religieux peut donner satisfaction au premier
de ces besoins ; il satisfera le second en étayant les
enseignements de la religion sur les preuves que
donne la théodicée. En unissant ainsi la théologie à
la théodicée, l'orateur ne peut donc que faire naître
dans l'esprit de ses auditeurs une conviction plus profonde. Le Dieu au nom duquel il parle, n'est plus ce
dieu mystique entrevu par l'imagination à travers les
poétiques légendes. C'est l'Être créateur et ordonnateur,

dont l'idée est conçue par la raison. Quels magnifiques développements lui fourniront du reste les preuves que donne la théodicée ! Quelles ressources y trouvera l'éloquence. Que le plus humble prêtre appelle l'attention de ses auditeurs sur les merveilles de la nature, qu'il leur fasse contempler l'ordre qui y règne, qu'il attire leurs regards sur ce spectacle qui frappe si vivement l'imagination, et produit dans les âmes une impression si salutaire, et il les convaincra de l'existence d'un Dieu créateur et ordonnateur, mieux que ne le ferait la plus brillante discussion des dogmes théologiques.

Ainsi l'éloquence a un auxiliaire indispensable dans chacune des parties de la philosophie. L'orateur doit étudier les caractères de ceux à qui il parle, s'il veut à son gré les émouvoir : il doit être *psychologue*. Il ne pourra les convaincre qu'en suivant les règles de la *logique*. Il serait méprisable s'il ne mettait son éloquence au service de la justice et de la *morale*. Enfin, l'orateur religieux trouvera dans la *théodicée* des ressources puissantes pour convaincre les esprits et toucher les cœurs.

————

3ᵐᵒ DISSERTATION

Ordre dans lequel il faut disposer les différentes parties de la Philosophie

La philosophie se compose de quatre parties dogmatiques, la *Psychologie*, la *Morale*, la *Théodicée*, la *Lo-*

gique, et d'une partie historique, l'étude des systèmes philosophiques. Si nous cherchons laquelle des quatre parties dogmatiques doit être placée la première, nous verrons facilement que c'est la *Psychologie*. En effet, avant de pouvoir raisonner sur des faits, il faut les avoir observés : l'observation est la base de toute science. Avant donc de raisonner sur l'âme, n'en faut-il pas connaître la nature? Avant de régler par la logique l'exercice des diverses facultés intellectuelles, ne faut-il pas connaître ces facultés? Avant de tracer les devoirs de la morale, ne faut-il pas avoir conçu l'idée du bien absolu? De plus l'idée de Dieu n'est pas celle qui se présente la première à notre esprit : nous cherchons d'abord à connaître et à étudier notre nature humaine, pour nous élever de là à la connaissance de la nature divine. Il faut donc connaître l'âme dans tous ses détails, pour pouvoir remonter à son principe, à Dieu. Ainsi la Psychologie, loin d'emprunter ses principes à la logique, à la morale ou à la théodicée, sert de base et de fondement à ces différentes parties de la Philosophie.

A la Psychologie se rattachent naturellement la logique et la morale : elles enseignent la pratique des facultés dont la psychologie décrit la théorie ; mais laquelle de ces deux parties doit précéder l'autre? C'est évidemment la logique. Que nous servirait, en effet, de vouloir le bien, si nous prenions pour bien ce qui est mal ; que nous servirait de vouloir fuir le mal, si ce qui nous semble mal est précisément le contraire? Il faut donc que la logique ait éclairé notre intelligence, qu'elle ait donné à notre jugement assez de justesse pour discerner le bien du mal, assez de pénétration pour mettre une différence entre le vrai et le faux. De plus, la logique n'a aucun besoin de la morale ni de la théodicée pour déterminer les règles qu'elle nous prescrit, tandis que les raisonnements théologiques et moraux empruntent à la logique seule cette clarté qui leur est si nécessaire.

Enfin la morale doit précéder la théodicée. En effet, le principe du bien absolu qui n'existait qu'en idéal en morale, trouve sa vivante réalisation en Dieu. Les doctrines religieuses qu'enseigne la théodicée, viennent confirmer ces notions naturelles du bien sur lesquelles s'appuyait la morale ; la théodicée, en un mot, est le complément naturel de la science des mœurs. Il est tout naturel en effet, que de l'intime sentiment du bien que nous possédons, se dégagent les dogmes religieux qui en déterminent les lois et les règles, tandis qu'il serait absurde de fonder ces sentiments intérieurs et inhérents à notre nature, sur des dogmes ou des préceptes tracés à l'avance.

Maintenant, l'*histoire de la philosophie*, qui n'est qu'un complément de la philosophie, qui ne fait pas partie intégrante de cette science, doit-elle suivre ou précéder les quatre parties dogmatiques qui composent la philosophie ? La réponse à cette question est bien facile. Evidemment, l'histoire de la philosophie doit terminer l'étude de la philosophie. En effet, cette histoire n'a d'autre but que de permettre à l'élève d'examiner les diverses modifications de la philosophie dans sa marche à travers les âges. Or, comment pourra-t-il apprécier ces modifications s'il ne connaît rien encore de la philosophie ? A quoi lui servira de passer en revue les divers systèmes, s'il n'est pas encore en état de voir s'ils sont vrais ou faux? — Si on lui présente une histoire succincte, et où les faits sont simplement exposés, sans appréciation ni commentaires, il ne pourra de lui-même porter un jugement; d'un autre côté, si les différents systèmes philosophiques, au lieu d'être sèchement énumérés, sont accompagnés de critiques, l'élève ne pourra comprendre pourquoi telle doctrine est vraie plutôt que telle autre, pourquoi tel système doit être adopté et tel autre rejeté. Il faut donc que l'esprit de l'élève ait été éclairé par l'étude préalable de la philosophie, afin qu'il puisse comprendre et apprécier les divers jugements portés sur les systèmes qu'il étudie, et se rendre compte lui-même du degré d'approbation qu'on doit leur accorder.

Ainsi, psychologie, logique, morale, théodicée, et histoire de la philosophie; tel est l'ordre dans lequel les différentes parties de la philosophie doivent être disposées.

PSYCHOLOGIE

4ᵐᵉ DISSERTATION

De la méthode en psychologie. — La comparer aux procédés employés dans les autres sciences.

Quelle méthode convient-il d'employer en psychologie? Comment arrivons-nous à la formation de cette science, par quels moyens parvenons-nous à nous connaître nous-mêmes, à distinguer les faits de notre âme, à en déterminer les lois? Nous servirons-nous du procédé déductif des sciences exactes, ou bien emprunterons-nous aux sciences physiques leur méthode expérimentale? Peut-on élever l'édifice de la science psychologique sur des notions *a priori* de l'esprit humain, ou doit-on lui assigner l'observation pour base?

Dans les sciences exactes, l'on s'appuie sur un principe nécessaire, évident par lui-même, sur une conception de la raison, pour en faire sortir, par voie de déduction, une vérité, non évidente par elle-même. Par ses rapports avec le principe fondamental, cette vérité acquiert elle-même un caractère de nécessité, et peut à son tour servir de base à de nouvelles déductions. Dans les sciences physiques, l'homme observe les différents phénomènes qui se succèdent devant lui, il les analyse, les classe, les compare, et en détermine les lois par voie d'induction. Se fondant sur la stabilité et la généralité des lois de la nature, il affirme qu'un phénomène qui se produit devant lui, se produira dans tous les temps et dans tous les lieux, dans les mêmes conditions. — Devons-nous, en psychologie, choisir l'un ou l'autre de ces procédés, ou nous aider des deux ?

On peut voir facilement que la méthode expérimentale a sa part dans la formation de la science psychologique. Comment arrivons-nous en effet à déterminer les lois de l'ordre intellectuel et moral, si ce n'est par l'observation des faits ? C'est par l'étude successive de ces faits que nous parvenons à formuler les lois dont ils sont les conséquences. Nous remarquons, par exemple, qu'une sensation précède toujours la perception d'un objet du monde extérieur : nous pouvons nous assurer de ce fait autant de fois que cela nous plaît par l'expérimentation. Nous en concluons donc, d'une manière générale, que toute sensation est suivie d'une perception. Mais à côté de la ressemblance des méthodes subsiste la différence des moyens : nous observons les faits physiques par *les sens* ; c'est par *la conscience* que nous prenons connaissance des faits de l'ordre moral.

De plus, il est facile de s'assurer que le procédé déductif n'est pas étranger à la Psychologie. Après avoir formulé une loi, grâce à l'observation successive des faits, nous pouvons opérer sur cette loi une série de déductions et en tirer une foule d'applications. Nous

avons reconnu, par exemple, que toute sensation est
précédée d'une impression organique. Venons-nous à
éprouver une émotion physique quelconque, nous en
concluons immédiatement qu'un objet du monde corporel a dû agir sur nos organes. Mais ici encore, il faut
tenir compte des différences à côté des ressemblances.
Dans les sciences exactes, le principe qui sert de base à
la déduction est une notion nécessaire, universelle, absolue, une conception de la Raison. En psychologie, les
lois dont nous faisons application, sont marquées d'un
caractère de contingence et de particularité. Aussi, pour
éviter toute confusion, on est convenu d'appeler *démonstration* la déduction mathématique, en réservant le nom
de *déduction* au procédé dont on se sert en psychologie.

Ainsi, pour la détermination des lois et leur application, la psychologie a beaucoup de rapports avec les
autres sciences : mais elle diffère essentiellement des
sciences physiques pour la connaissance des causes.

Le physicien assigne bien une cause au fait qu'il
perçoit, mais cette cause est pour lui inconnue ; et il n'en
peut découvrir la nature. Voit-il tomber une pierre ? Il
attribue ce fait à l'attraction ; mais qu'est-ce pour lui
que l'attraction, sinon une cause inconnue d'un effet
connu ? Il n'en est pas de même en psychologie, et cela
résulte de la nature même des choses. Dans les sciences
physiques, l'objet connu et le sujet connaissant sont bien
distincts ; en psychologie, il y a identité entre le sujet
qui perçoit et le fait perçu. L'on conçoit donc que l'on
ne puisse connaître un fait de l'ordre moral, sans en
connaître aussi la cause ; en même temps que je perçois

ma pensée, je m'élève immédiatement à la connaissance
du moi qui en est l'auteur.

Tels sont les rapports que la méthode psychologique
peut avoir avec les procédés usités dans les autres sciences, telles en sont anssi les différences,.et une étude
attentive permet bien vite d'apprécier les uns, et de découvrir les autres.

5me DISSERTATION

Des sens. — Leur utilité et leur rôle.

Sous cette dénomination de *Sens*, on comprend vul-
gairement la faculté que nous avons d'éprouver des sensations, et les cinq organes par l'intermédiaire desquels
nous éprouvons ces sensations. Il y a là confusion de
deux choses distinctes. — Les appareils nerveux et purement matériels au moyen desquels l'âme perçoit les
objets extérieurs, ne doivent pas être confondus avec la
faculté de percevoir ces objets, faculté qui est entièrement immatérielle. — Ainsi, psychologiquement, on doit
donc définir le mot *Sens*: la capacité qui est en nous d'é.
prouver diverses sortes de sensations, et d'acquérir des
connaissances à propos de l'action des objets physiques
sur nos organes.

Les sens sont au nombre de cinq : le toucher, la vue,
l'ouïe, l'odorat et le goût. A chaque sens, correspond un

organe corporel, par l'intermédiaire duquel la sensation arrive jusqu'à l'âme. Au toucher correspond la main et toute la surface du corps. A la vue, les yeux ; à l'ouïe, les oreilles ; au goût, le palais et la langue ; à l'odorat, les fosses nasales. Les nerfs dont se composent essentiellement ces organes, après s'être épanouis sur toute la surface du corps, viennent tous se réunir en un centre nerveux, le cerveau. C'est là que réside le principe vital, l'âme. Lorsque nos organes viennent à être impressionnés par le contact d'un objet extérieur, les nerfs transmettent cette impression au cerveau. L'âme, qui y reposait, pour ainsi dire, est à son tour ébranlée par l'impression cérébrale. A la suite de cet ébranlement de l'âme, naissent deux phénomènes : l'âme éprouve une sensation de douleur ou de plaisir, et en même temps, elle prend connaissance de l'objet qui l'affecte.

Après avoir ainsi défini les sens, et expliqué par quel mécanisme, ils mettent l'âme en communication avec le monde extérieur, examinons le rôle et l'utilité de chacun d'eux.

Nous devons au toucher la connaissance des étendues tangibles, la perception de la forme, de la dureté, du poids, de la température des corps, et toutes les notions de l'étendue et du mouvement. Le toucher est le principal instrument des sciences. C'est sur les notions de force et d'étendue, de repos ou de mouvement que sont basées les sciences mathématiques. C'est encore d'après les qualités tangibles des corps que la physique les divise en corps solides, liquides ou gazeux. En outre, le toucher, ayant le corps entier pour organe, et les sensations auxquelles il donne naissance pouvant être localisées, nous sommes immédiatement avertis des blessures ou des lésions que nous pouvons recevoir, de l'endroit précis où elles se trouvent, et nous pouvons y porter un prompt remède.

Nous devons à la vue la connaissance des. étendues visibles et les notions des couleurs. La vue peut très souvent suppléer au tact pour l'appréciation des distances et des formes des objets. Elle nous permet de mesurer avec une grande promptitude et une certaine précision d'énormes étendues que nous ne pourrions apprécier avec la main. La vue est par excellence le sens des beaux-arts; à ce sens se rapportent l'architecture, la peinture, la sculpture. La vue, avec le toucher, est le plus délicat et le plus parfait de nos organes.

L'ouïe nous permet de percevoir les sons. Les accords, les diverses modulations des sons, ont donné naissance à l'art de la musique qui procure à l'homme l'un des plus nobles plaisirs qu'il puisse goûter. L'ouïe est principalement le sens de la vie sociale. C'est par ce sens, que les différents membres de la grande famille humaine peuvent communiquer entr'eux par le langage. Le goût et l'odorat nous donnent les notions des saveurs et des odeurs. Ces deux sens sont particulièrement affectés à l'entretien de la vie animale. Ce sont eux qui nous dirigent dans le choix de nos aliments, qui nous révèlent par la répugnance ce qui nous est nuisible, ou par le plaisir, ce qui peut nous convenir.

Tel est le rôle de chaque sens, telle est l'utilité de chacun d'eux. Mais il est bon d'ajouter que le rôle de chaque sens serait bien plus restreint, si nous n'avions

la mémoire pour relier entr'elles leurs diverses perceptions, et d'autres facultés intellectuelles pour les compléter. A force d'habitude, nous avons agrandi le domaine de nos sens, et étendu le cercle des jugements
que nous formons sur les données qu'ils nous fournissent. Nous sommes enfin arrivés à reconnaître par
le moyen d'un organe, des qualités que seul et sans
secours étranger, il ne nous aurait pas laissé soupçonner.

6me DISSERTATION

Nos sens peuvent-ils nous tromper?

C'est une opinion généralement répandue que nos
sens peuvent nous tromper. On attribue ordinairement
aux sens tous les jugements erronés que l'on forme sur
la nature des objets extérieurs. Rien n'est moins vrai
pourtant; ce n'est nullement le sens qu'il faut accuser
d'erreur : elle est due à une autre cause ainsi que nous
l'allons voir.

Nos sens, par eux-mêmes, ne nous fournissent aucune indication sur la nature des corps qui les impres-
sionnent. C'est à la perception que nous devons la connaissance du monde extérieur. C'est par la perception
que nous connaissons les qualités, les propriétés des
corps, que nous apprécions leurs formes, leurs distan-

2

ces. Mais la perception n'atteint pas de suite ce degré d'exactitude. Il a fallu auparavant un certain travail de l'esprit. Notre vue, par exemple, n'est parvenue à apprécier les formes et les distances des objets, qu'après que le tact nous les a révélés. Nous avons alors reconnu qu'à certaines teintes correspondaient certaines formes, et à l'aide de la mémoire et de l'induction, nous sommes parvenus à apprécier ces formes sans le secours du toucher, et par les seules notions que la vue nous fournit. Ainsi à une étendue visible nous avons associé une étendue tangible; de là viennent différentes erreurs dont notre vue n'est nullement responsable. Une étendue visible n'est pas, en effet, irrévocablement unie à une étendue tangible. Nous regardons, par exemple, l'image d'une fleur, renvoyée par un miroir concave. Nous avançons la main pour prendre cette fleur; nos doigts ne rencontrent que le vide. Sont-ce nos yeux qui nous ont trompés? Nullement; nos yeux ont vu distinctement cette fleur; nous ne devons imputer l'erreur qu'à notre jugement, qui de l'existence d'une forme visible, a conclu à l'existence d'une forme tangible. Il en est de même pour nos autres sens.

Ainsi la plupart des erreurs que nous attribuons aux sens proviennent de ce principe d'induction, qui nous porte à croire que des phénomènes que nous avons trouvés associés dans le passé, le seront encore dans l'avenir. Il existe encore d'autres causes d'erreur. Si nous voulons exercer nos sens, hors des limites qui leur ont été assignées par la nature, il est clair que les perceptions qu'ils nous fourniront dans ces conditions, ne seront pas exactes. Il est clair aussi, que nous nous trom-

perons souvent, si sur les données que nous fournissent
nos sens, nous formons à la légère des jugements ou des
appréciations. Mais avec de l'attention, et en exerçant
chaque sens dans la sphère qui lui est propre, il n'y a
pas d'erreur possible ; car nos sens ne nous trompent
jamais ; seules, les conclusions que nous tirons des données fournies par les sens peuvent être erronées. C'est
ce qui a fait dire à Bossuet : (Il n'y a que l'entendement
qui puisse errer ; à proprement parler, il n'y a point
d'erreur dans le sens qui fait toujours ce qu'il doit).

7me DISSERTATION

Différences entre les sensations et les sentiments

L'âme a la faculté d'être impressionnée d'une façon
agréable ou désagréable ; c'est cette faculté qui constitue
sa *sensibilité*.

Considérés dans leur origine, les phénomènes de la
sensibilité peuvent se diviser en deux classes : les uns
se manifestent avec le concours de divers organes, les autres ont lieu sans l'intermédiaire de ces organes ; les premiers sont appelés *sensations*, les seconds, *sentiments*.

Les sensations et les sentiments se ressemblent en
ce qu'ils affectent l'âme sans que la volonté intervienne
mais quoique de la même famille, ces faits n'en ont pas

moins de nombreuses différences que nous allons essayer d'établir.

Les sensations et les sentiments diffèrent d'abord en ce que ces derniers ne se rapportent à aucun organe, tandis que les sensations se transmettent par divers appareils physiques. La plupart des sensations se localisent à la surface du corps : celle du toucher par exemple, se localise avec tant de précision, que ce n'est plus l'âme qui paraît sentir, c'est le corps, et pourtant c'est l'âme seule qui reçoit l'impression, et cela est si vrai, que lorsque l'âme est absorbée par un sentiment qui l'emplit tout entière, elle ne subit plus les impressions physiques. Ainsi un soldat qui dans l'ardeur de la mêlée, reçoit une blessure, n'en ressent pas immédiatement la douleur, bien que le toucher ait été fortement impressionné, parce que son âme est absorbée tout entière par l'exaltation du combat.

Si quelques unes de nos sensations se manifestent ainsi sur un point déterminé de notre corps, d'autres paraissent l'affecter beaucoup moins : ainsi les impressions du son et des couleurs sur les organes de la vue et de l'ouïe sont si peu sensibles, qu'on est tenté de ranger ces impressions au nombre des sentiments immatériels, et pourtant elles affectent réellement ces organes ; une lumière trop vive produit dans l'œil une sensation de douleur ; un bruit assourdissant excite dans l'oreille des vibrations pénibles.

Ainsi toutes les sensations se rapportent à divers organes, tandis que nos sentiments se produisent sans l'intermédiaire d'aucun appareil corporel. Il est vrai que quand nos sentiments atteignent un certain degré d'énergie, il se manifeste en même temps dans le corps quelques impressions sensibles. Ainsi quand on ressent une vive joie, le cœur se dilate, et le sang semble circuler plus largement dans les veines. Au contraire, lorsqu'on est sous le poids d'une profonde douleur, le cœur se resserre et l'on éprouve une pénible oppression.

Mais ces faits de sensibilité physique, bien loin de contribuer à produire le sentiment qu'elles accompagnent, n'en sont que des effets, et cela est si vrai, que souvent la nature de ces effets est opposée à celle du sentiment qui les produit. Il est reconnu en effet qu'un excès de joie cause dans l'organisme des troubles très douloureux, et que les larmes qui suivent quelquefois un profond chagrin produisent une espèce de soulagement. Ainsi les sentiments se manifestent sans le concours d'aucun organe.

Les sentiments et les sensations diffèrent encore par la nature de leurs causes. Les sentiments sont produits par des causes immatérielles; les sensations sont provoquées par le contact d'objets physiques sur nos organes. De plus, en fait de sentiments, la connaissance des causes qui les produisent est indispensable à leur production, tandis qu'en fait de sensations, la connaissance de la cause qui les produit ne peut les modifier en aucune façon.

Il est certain que je ne saurais être joyeux sans avoir quelque sujet de l'être ; je ne pourrais être triste sans connaître la cause de ma tristesse; c'est précisément parce que je connais tel malheur que je m'afflige, tel événement heureux que je me réjouis; — tandis que je puis éprouver une sensation de douleur par exemple, sans connaître la cause qui la produit, et si le tact ne tarde

2.

pas à me révéler quelle est la nature de l'instrument qui me frappe ou me blesse, cette connaissance n'augmente ni ne diminue en rien ma douleur ; elle n'en est pas la condition essentielle.

Une autre différence, c'est que les sentiments s'exaltent, sous l'influence d'excitations continuelles, tandis qu'un long usage émousse nos sensations. L'œil fixé sur un objet, perd peu à peu la netteté de sa vision, et l'oreille, assourdie par un bruit continuel, ne distingue plus les sons ; — tandis que la sensibilité morale, constamment excitée, s'exalte et acquiert un extrême degré d'énergie. — D'un autre côté, la sensibilité physique n'est excitée que lorsque l'objet dont l'âme ressent l'impression, est immédiatement en contact avec les organes. Dès que ce contact cesse, la sensation cesse en même temps ; les sentiments, au contraire, se perpétuent par la mémoire. Une personne aimée meurt : la douleur que cette mort fait naître en moi n'est pas instantanée, elle remplit longtemps mon âme ; elle se ravive et se renouvelle, chaque fois que ma mémoire me rappelle la perte que j'ai faite, ou que mon imagination me retrace le tableau de la mort.

Telles sont les principales différences entre les sensations et les sentiments. Différents dans leur mode d'impression, dans leur cause occasionnelle, et dans leur but ils n'en sont pas moins semblables dans leur nature, et n'en produisent pas moins dans l'âme des impressions identiques. Comment l'âme peut-elle ressentir ainsi à la fois les sentiments immatériels, et les sensations physiques? C'est ce que l'on ignore. L'esprit se borne à constater ce fait, sans pouvoir l'expliquer.

8ᵐᵉ DISSERTATION

**La vie de l'âme et la vie du corps. — Différen-
ces entre les faits psychologiques, et les faits
physiologiques.**

La vie se manifeste chez l'homme par divers phénomènes. En examinant cette masse organisée et vivante
qui constitue notre être, l'on peut y remarquer un inces-
sant travail. — Constamment chassé du cœur et refoulé
dans les artères, le sang se répand dans tout le corps ;
et après avoir communiqué la vie à toutes les parties de
notre organisation, il revient puiser dans les poumons
de nouveaux principes vivifiants, que l'air, par le jeu de
la respiration, lui fournit à chaque instant. Ainsi, sous
l'action d'une force motrice qui est la vie, les diverses
pièces de la machine humaine entrent toutes en mouvement. Mais ces phénomènes ne sont pas les seuls que
produise la vie : outre ces faits *physiologiques*, des pensées, des réflexions se forment en nous, des idées naissent, des sensations, des sentiments se produisent : ce
sont des faits *psgchologiques*. La vie se manifeste donc
chez l'homme par deux sortes de phénomènes bien distincts, et ayant entre eux des différences que nous allons
essayer d'établir.

Les faits de circulation, de digestion, etc... peuvent
tous être ramenés à des formes de l'étendue et du mou-

vement, Ces faits sont intimement liés à notre organisation matérielle, et sont soumis à toutes les lois qui président aux faits physiques, tandis qu'aux autres phénomènes on ne peut assigner ni forme, ni étendue, ni mouvement ; ils sortent entièrement du domaine des lois physiques et échappent à leur action.

Ces faits, si différents dans leur nature, ne le sont pas moins dans leurs fins. Les uns ont pour but le bien du corps : ils le fortifient, favorisent son développement, assurent sa conservation ; les autres ont pour fin le bien de l'âme. Par l'exercice de la pensée, le domaine des facultés intellectuelles s'agrandit, l'esprit acquiert plus de pénétration, le jugement plus d'exactitude, l'imagination plus de vivacité. Et la différence qui existe entre ces deux fins est si réelle, que souvent elles se trouvent en opposition. Un savant qui passe ses jours et ses veilles dans l'étude, fortifie son esprit, mais épuise son corps. Au contraire, un homme qui consacre tous ses soins à son corps, qui ne s'occupe qu'à faire bonne chère, développe ses forces physiques mais au détriment de son esprit.

Une autre différence, c'est que les faits physiologiques et les faits psychologiques ne s'observent pas de la même façon. Les premiers tombent sous les sens, les seconds échappent à leur action. On peut facilement observer à l'aide des divers instruments que la science met à notre disposition, la circulation, par exemple. Mais, l'œil aidé du plus puissant microscope ne pourrait évidemment apercevoir une pensée, un sentiment. Ces divers phénomènes ne se révèlent qu'à la conscience, c'est à l'aide de ce sens intime et immatériel que nous prenons connaissance de nos pensées, et que nous percevons tous les faits de notre âme.

Maintenant, les faits physiologiques sont-ils produits par une force distincte de celle qui produit les faits psychologiques ? y a-t-il comme le prétendent les partisans du *Vitalisme*, deux principes différents, donnant naissance à deux ordres de faits différents ? ou bien, comme le suppose la doctrine de l'*animisme*, ces deux sortes de faits sont-elles dues à un seul et même agent, à une seule et même force, à l'âme ? Bien que cette dernière hypothèse paraisse plus vraisemblable, l'esprit humain ne pourra probablement jamais s'assurer de son exactitude. Mais que ces deux ordres de faits prennent naissance ou non dans une seule et même cause, ils n'en sont pas moins séparés par les profondes différences que nous venons d'étudier.

9ᵐᵉ DISSERTATION

Des passions, et de leur influence sur l'entendement.

L'âme humaine a diverses inclinations innées et permanentes. Parmi ces tendances, les unes, comme les désirs d'estime, de pouvoir, de supériorité et de possession ont pour objet nous-mêmes ; les autres, comme les inclinations du cœur et de l'esprit, sont purement désintéressées. En général, ces tendances demeurent à l'état de simples désirs, qui se manifestent sans produire d'altération sensible dans la justesse de nos jugements ; mais quelquefois, ces mêmes inclinations, sous l'influence de certaines excitations, deviennent assez violentes pour troubler profondément l'entendement : elles se transforment alors en *passions*.

Les passions n'ont pas toutes le même caractère : quelquefois, des inclinations naturelles vivement, surexcitées par une cause accidentelle, acquièrent subitement un extrême degré d'énergie, et se traduisent par des transports, qui finissent bientôt par diminuer de violence et même par se calmer entièrement. Ces sortes de passions momentanées, espèces d'orages moraux, causent dans l'âme une perturbation profonde, qui rend toute froide délibération impossible, qui paralyse les effets de la volonté, qui enlève à l'homme cet empire que la raison et le sang froid lui donnent sur lui-même. Mais si cette perturbation est violente, elle n'est que passagère, tandis qu'il existe un autre ordre de passions dont l'âme reçoit constamment l'influence : ce sont les passions invétérées par l'habitude. Moins violentes que les premières, elles sont plus funestes, parce que leur action se fait plus longtemps sentir Sans avoir la fougue des transports momentanés, elles n'en ont pas moins sur l'âme une plus grande influence par l'action constante qu'elles exercent sur elle. Voyez un homme tourmenté par l'envie, l'ambition, ou la soif de l'or. Sa passion ne lui laisse plus de trève : sans se traduire par des accès furieux, elle agit néanmoins puissamment sur son âme ;

toutes ses pensées ne se rapportent plus qu'à sa passion, tous ses sentiments y concourent, toutes ses facultés se concentrent en elle et réunissent en elle leur énergie. L'homme ainsi dominé et aveuglé, ne voit plus les faits que sous l'aspect qui convient le mieux à sa passion, son intelligence s'altère donc, son jugement se fausse.

Si nous feuilletons l'histoire, nous y trouvons de nombreux exemples d'égarements causés par les passions : qu'il nous suffise de citer le fanatisme religieux des inquisiteurs espagnols, ou l'ambition de maint conquérant célèbre. Mais même sans aller si loin, nous en avons tous les jours des exemples sous nos yeux et à notre portée : ne sommes-nous pas à même de constater à chaque instant, les exagérations de la crainte, qui grandit tous les objets, les aveuglements de l'amour ou de la haine. Une personne aimée, eût-elle tous les défauts, paraît remplie de perfections. Comme le dit Molière avec tant de finesse dans son *Misanthrope*, en parlant des amants :

Ils comptent les défauts pour des perfections,
Et savent y donner de favorables noms.
La pâle est au jasmin en blancheur comparable,
La noire à faire peur, une brune adorable ;
La maigre a de la taille et de la liberté
La grasse est dans son port, pleine de majesté, etc.

Réciproquement, une personne détestée, eût-elle toutes les qualités, nous semble remplie de défauts.

Ne voyons-nous pas aussi combien l'excessive tendresse de quelques parents pour leurs enfants, altère leur façon de voir et de penser ? *Strabonem appellat pœtum pater*... a dit Horace. « Un père, dont le fils a les yeux de travers, dira qu'il louche un peu... Si son fils est ridiculement petit, il l'appellera mignon. » Leurs enfants peuvent être sots ou laids : qu'importe, ces parents aveugles trouvent que rien n'égale leur esprit ou leur beauté, ils admirent même leurs défauts, et à force de les excuser quand ils ont tort, ils finissent par se persuader qu'ils ont raison.

Concluons donc que la passion, qu'elle soit un mouvement violent de l'âme, ou une tendance persistante, contribue dans l'un et l'autre cas à obscurcir l'intelligence, et à paralyser la raison. L'homme doit donc avant tout s'efforcer de maîtriser ses passions, qui lui enlèvent tout pouvoir de discuter et de raisonner, et qui l'empêchent de juger sainement les choses.

10ᵐᵉ DISSERTATION

Bons et mauvais effets de l'amour de soi

Parmi nos inclinations naturelles, il en est, qui complètement désintéressées, nous portent vers nos semblables, vers la divinité, vers le beau, le vrai, le bien. Il en est d'autres qui n'ont pour objet que nous-mêmes, qui tendent à notre bien-être et à la conservation de notre vie, et se résument toutes dans l'amour de soi.

Les effets de cette tendance naturelle sont à la fois bons et mauvais.

Au milieu de toutes les causes de destruction qui nous menacent, notre existence serait bien exposée si nous n'étions naturellement portés à la défendre et à la préserver. Sans cet instinct de conservation si promptement éveillé en présence des dangers que nous pouvons courir, notre vie serait à chaque instant en péril. — Dans ce premier effet de l'*amour de soi* on ne peut s'empêcher de reconnaître la prévoyante sollicitude d'un Dieu qui désire nous voir conserver et perpétuer l'existence qu'il nous a donnée. Nous sommes portés par l'amour de nous-mêmes non seulement à repousser tout ce qui menace notre vie, mais encore à rechercher tout ce qui la favorise. Nous tendons non seulement à vivre, mais encore à bien vivre. Il nous faut l'estime de nos semblables ; nous voulons posséder des richesses qui nous permettent de goûter toutes les jouissances de la vie. Nous voulons exercer notre activité sans contrainte, nous aspirons à la puissance, à la liberté, à l'indépendance ; nous aimons, en un mot, tout ce qui peut nous procurer plaisirs ou avantages, et tous ces désirs, ces affections qui ont leur principe commun dans l'amour de soi, sont utiles en ce sens, qu'ils nous sollicitent puissamment à agir et nous font rechercher avec ardeur tout ce qui peut faire le charme ou l'agrément de notre vie.

Mais à côté des avantages, il faut signaler les dangers de l'*amour de soi*. Nous ne pouvons contenter pleinement notre désir de vivre et de bien vivre, qu'en usurpant plus ou moins à notre profit le bien être d'autrui. Ce n'est qu'en étouffant l'amour d'indépendance

3

qui se trouve chez les autres comme en nous, que nous pouvons satisfaire notre désir d'autorité, et en général, ce qui fait le bien des uns fait le mal des autres. Et lorsque l'amour de soi devient exclusif, non seulement il nuit aux autres, mais l'exagération de ce sentiment nous fait tort à nous-mêmes. Si nous refusons tout secours à autrui, ne sera-t-il pas en droit de nous refuser à son tour aide et assistance, quand nous serons dans le besoin? De plus, lorsque l'*amour de soi* se change en égoïsme, il absorbe plus ou moins, à son profit, les inclinations désintéressées de notre nature. Dès lors, nous rapportons tout au *moi*; nous estimons toutes choses au point de vue exclusif de notre intérêt ; nous n'aimons plus la science, la vertu, la beauté, qu'en considération des avantages qu'elles nous procurent ; nous ne pratiquons la charité qu'autant que nous espérons en tirer quelque profit. Notre bien-être physique devient notre unique souci, et l'amour de nous-mêmes tourne ainsi à notre détriment, en nous portant à sacrifier à la vie matérielle, la vie intellectuelle qu'entretiennent et qu'enflamment les généreux sentiments, mais qu'éteignent de mesquines passions.

L'amour de soi n'a donc de salutaires effets qu'à la condition de n'être pas exclusif. — Aimons-nous, ménageons notre vie, mais aimons aussi les autres ; que les soins que nous prenons de nous-mêmes ne portent point atteinte à l'existence des autres ; que notre bien-être ne soit point acheté au prix des maux d'autrui ; ne nous faisons pas de tort à nous-mêmes, en desséchant notre cœur par l'égoïsme, en tarissant dans leur source, les plus nobles aspirations, les plus généreux dévouements.

11ᵐᵒ DISSERTATION

Décrire et classer les facultés de l'entendement humain.

L'entendement humain embrasse une foule de connaissances ; son vaste domaine comprend le monde extérieur et tous les objets dont il est peuplé, aussi bien que le monde intérieur et immatériel. Il n'est pas seulement borné aux connaissances présentes; il s'étend au passé ; il comprend l'idéal aussi bien que le réel, l'universel comme le particulier. Bien que ce soit le même *moi* qui connaisse toutes ces choses, il faut distinguer des modes différents de ce *moi*, des facultés spéciales, embrassant chacune un ordre particulier de connaissances.

D'abord, lorsqu'un objet du monde extérieur vient à agir sur les organes de nos sens, nous percevons immédiatement la nature de cet objet, ses qualités, ses propriétés. La faculté qui nous permet ainsi de connaître les objets du monde corporel, à propos de leur action sur nos organes, est la *perception des sens*. Mais l'entendement n'est pas borné au monde physique ; le monde immatériel, l'âme et ses modifications font aussi partie de son domaine. La faculté par laquelle l'âme replie en quelque sorte ses regards sur elle-même pour connaître sa propre nature, est la *Conscience*. Les notions que nous devons à ces facultés ne sont pas instantanées ; elles se conservent et se renouvellent par la *Mémoire*.

Mais la conscience et la perception des sens ne nous font pas sortir du monde réel ; les notions que nous leur devons sont des notions expérimentales ; la faculté qui transforme les données de l'expérience, qui épure la réalité et nous permet de nous élever à la conception de l'*idéal*, c'est l'*Imagination*. Sans que l'imagination soit renfermée dans les limites de la réalité, elle lui emprunte toujours quelque chose : les êtres qu'elle crée ne sont qu'une transformation des êtres réels. Mais il est une autre faculté qui nous fait entièrement sortir du monde contingent, qui nous élève à la connaissance des vérités abstraites, nécessaires, absolues. Cette précieuse faculté, c'est la *Raison*. Nous avons enfin une dernière faculté par laquelle l'âme s'affirme à elle-même la manière d'être des objets de ses connaissances : c'est le *Jugement*.

Ces facultés entrent d'abord en exercice en vertu de leur activité propre. L'âme n'a pas alors conscience de son action : mais plus tard, elle revient sur les actes qu'elle a accomplis involontairement, pour ainsi dire. Elle les répète par un effort de la volonté, et la faculté qui lui permet d'agir ainsi, c'est l'*attention*. L'attention, qui concentre les forces de l'intelligence sur un seul point, qui précise nos connaissances, en nous faisant considérer leurs objets successivement dans toutes leurs parties, exige une seconde faculté, l'*abstraction*, ou pouvoir de détacher une chose du tout auquel elle appartient, de décomposer un tout en ses différents éléments; une troisième faculté intervient à son tour, c'est la *comparaison* qui met de côté tous les éléments différents obtenus par abstraction pour ne considérer que les propriétés communes des objets. Mais la mémoire humaine ne suffirait pas à retenir isolément chacune de ces propriétés, si une autre faculté ne nous permettait de réunir toutes ces notions en une seule qui les contient toutes ; cette faculté est la *généralisation*. Enfin, si puissante qu'elle soit, la raison humaine ne peut comprendre immédiatement certaines vérités : elle est obligée de s'appuyer sur des vérités connues pour atteindre progressivement celles qui lui échappent. C'est le *raisonnement* qui lui permet d'accomplir ce travail.

Tels sont les diverses facultés de l'entendement humain : les dernières sont moins des facultés que des opérations de l'esprit : on peut néanmoins les regarder avec certains philosophes, comme des facultés de *transformation*, parce qu'elles travaillent sur les données des facultés primitives ou facultés d'*acquisition*.

———

12ᵐᵒ DISSERTATION

Différences entre la sensation et la perception

Lorsqu'un objet du monde extérieur vient à agir sur nos organes, il se passe en nous divers phénomènes. Au contact de cet objet corporel, nos organes éprouvent une certaine modification, mais cette modification ne s'arrête pas là. Les nerfs qui viennent tapisser toute la surface du corps, reçoivent l'impression organique et la transmettent au centre nerveux, au cerveau. Là finit le

rôle des organes corporels ; mais l'âme à son tour, entre
en activité ; à la suite de l'impression cérébrale, naissent deux phénomènes psychologiques bien distincts:
d'un côté, l'âme est émue agréablement ou désagréablement. Elle éprouve une émotion purement sensible ;
c'est une *sensation* ; d'un autre côté, nous prenons connaissance de l'objet qui a produit dans l'âme cette sensation, nous percevons sa nature, ses qualités et ses
propriétés ; c'est la *perception externe*. De là, entre
ces deux faits, des différences bien distinctes que nous
allons successivement passer en revue.

La sensation est *subjective*, c'est-à-dire, purement
bornée au sujet qui l'éprouve, tandis que la perception
est à la fois *subjective* et *objective*, c'est-à-dire, que
nous percevons à la fois et le *sujet* qui connaît, et l'*objet*
qui est connu. — Dans la sensation, en effet, nous n'a-
vons conscience que de la douleur ou du plaisir que nous
ressentons. Cette douleur ou ce plaisir ne font qu'un avec
le *moi*. Il nous est impossible de concevoir séparément et
le *moi* qui souffre et la douleur qui l'affecte ; — le *moi*
qui jouit, et le plaisir qu'il ressent. Dans la souffrance le
moi et la douleur sont intimement liés ensemble; dans la
jouissance, le *moi* et le plaisir sont étroitement unis; tandis
que dans la perception, la conscience distingue à la fois
et le *moi* qui prend connaissance, et l'*objet* dont il prend
connaissance. Un exemple fera mieux comprendre cette
différence. Je pose la main sur un fer chaud : j'éprouve
une sensation de douleur; mais je ne puis distinguer
le *moi* de la douleur qu'il ressent; il s'indentifie
en quelque sorte avec elle ; mais si le *moi* se confond
ainsi avec la douleur, il ne se confond nullement avec l'ob-

jet qui l'a provoquée; je perçois très distinctement le *moi*
qui connaît, et le fer chaud qui est connu ; ce qui prouve,
que la sensation est simplement *subjective*, et la perception, *subjective* et *objective*.

Sans la perception, nous n'aurions aucune idée du
monde extérieur ; nous éprouverions simplement des
sensations, sans en connaître la cause. Sans la perception, les différentes impressions que nous rece-
vons par l'intermédiaire des cinq organes des sens, se
réduiraient toutes à des sensations agréables ou désa-
gréables, sans que nous puissions distinguer si c'est aux
sons ou aux couleurs, plutôt qu'aux saveurs ou qu'aux
odeurs que nous devons les sensations.

Une autre différence, c'est que les sensations varient
beaucoup, tandis que la perception ne varie pas : ainsi
j'entends pour la première fois une mélodie ; ces accords
nouveaux charment d'abord mon oreille ; mais j'entends
répéter, cinquante fois, cent fois la même mélodie ; loin
de lui trouver encore quelque charme, je ne la regarde
plus que comme ennuyeuse et désagréable : ainsi la sensation a changé, mais la perception est restée la même ;
elle m'a révélé les mêmes accords, les mêmes sons, le
même instrument qui les produit. Prenons un autre
exemple : sous l'influence de la faim, je trouve un aliment
délicieux ; après un repas abondant, je trouve ce même
aliment rebutant et fade. La sensation a changé ; mais
la perception qui m'a révélé, la première fois comme la
seconde, la nature de l'aliment, est restée la même.

Mais si la perception et la sensation ont ainsi entre
elles de profondes différences, elles ont néanmoins certains caractères communs ; ce sont toutes deux des phé-

nomènes psychologiques : elles ont toutes deux pour cause occasionnelle, l'impression organique.

De plus l'âme ne pourrait éprouver une sensation, sans que la perception ne vînt immédiatement lui révéler la nature de l'objet qui l'a impressionnée : à son tour la perception ne pourrait naître, si la sensation ne la précédait ; mais quoique intimement liés l'un à l'autre, ces phénomènes n'en ont pas moins de profondes différences qui rendent toute confusion entre eux impossible.

13me DISSERTATION

Caractères distinctifs de la perception naturelle et de la perception acquise

Lorsqu'un objet extérieur vient à agir sur nos organes, nous éprouvons d'abord une sensation : l'âme est émue agréablement ou désagréablement ; mais nous ne savons encore rien sur la nature du corps qui nous affecte ; seulement nous sommes déjà avertis qu'il y a dans là sphère d'action de nos sens un corps qu'il nous est permis de connaître. La perception mise en éveil par cet avertissement, provoquée par la sensation, nous révèle alors immédiatement la nature de l'objet extérieur. Elle nous apprend que la sensation que nous venons d'éprouver est due à la présence d'un corps odorant ou sonore, ou lumineux, ou sapide, ou tangible.

Telles sont les notions que la perception nous fournit d'elle-même, et sans aucun travail de l'esprit. Ce sont là les *perceptions primitives* ou *naturelles*. Mais ces notions ne nous font nullement connaître la distance, la forme des objets : alors commence le rôle de la *perception acquise* qui précise et complète les connaissances primitives. Ces deux perceptions ne sont évidemment point deux facultés distinctes de l'âme. Elles sont toutes deux comprises dans la perception externe : seulement l'une est la perception externe réduite à elle seule, et agissant d'elle-même ; l'autre est la perception externe développée par l'exercice et l'habitude, et aidée par d'autres facultés intellectuelles, la mémoire et le raisonnement.

Les objets extérieurs ne nous seraient que bien imparfaitement connus si nous en étions réduits aux seules perceptions primitives.

Nous ne pourrions juger ni de la forme ni la distance des corps éloignés, ou alors, il nous faudrait entreprendre un long travail, et employer plusieurs sens pour avoir des notions complètes sur ces objets. Ce travail, nous l'avons accompli dans notre enfance. Lorsque nous avons ouvert pour la première fois nos yeux à la lumière, nous avons vu tous les objets sur un même plan ; mais à force d'exercice, à force d'approcher ou d'éloigner de nous les objets, à force d'apprécier leur forme par le toucher, nous avons reconnu que les dimensions des objets étaient en rapport de leur éloignement ; qu'à certaines teintes correspondaient certaines formes, et nous sommes parvenus enfin à apprécier d'un seul coup d'œil, l'éloignement, la forme, et même les propriétés des

3.

objets, opération qui, sans les perceptions acquises, aurait nécessité l'exercice successif de plusieurs sens et aurait exigé un long travail ; mais ce n'est qu'à force d'habitude que nous avons pu en arriver là ; et encore, restons-nous sujets à de fréquentes illusions, si nous sortons de notre milieu habituel ; encore avons-nous besoin de prendre comme points de repère, des objets dont nous connaissons déjà là forme et la distance. Ainsi notre œil n'ayant aucun point de repère pour arriver au soleil, par exemple, nous ne pouvons en apprécier la véritable distance, ni l'exacte grosseur : il nous paraît à peine éloigné de quelques centaines de mètres, et nous en sommes si convaincus que nous avons peine à croire ce que nous enseigne la cosmographie relativement à son énorme grosseur et à sa prodigieuse distance.

Ainsi la perception primitive nous fournit sur les objets extérieurs des notions que complètent les perceptions acquises. Un exemple fera mieux comprendre leur rôle respectif : j'entends, je suppose, la fanfare lointaine d'un régiment en marche ; la perception primitive ne me fait connaître que l'existence de sons faibles, modulés sur un rythme particulier, et augmentant peu à peu d'intensité ; là se borne les notions qu'elle me fournit. Mais la perception acquise, aidée de la mémoire, reconnaît les sons, et me révèle aussitôt le genre d'instrument qui les produit : avec le concours de l'induction, elle conclut que ces sons ne sont faibles que parce qu'ils sont éloignés, qu'ils n'augmentent peu à peu d'intensité que parce qu'ils se rapprochent.

Ainsi à force d'habitude, d'observations préalables, de comparaisons antérieures, nous parvenons à porter un jugement exact et précis, avec une grande facilité, sur les objets extérieurs : mais nous ne devons pas pousser trop loin cette interprétation des données primitives des sens, de peur de tomber dans des erreurs que nous imputons à tort aux sens eux-mêmes.

———

14ᵐᵉ DISSERTATION

Utilité de la mémoire

Connaître et se ressouvenir servent beaucoup pour inventer
(MADAME DE STAEL)

Le moment ou je parle est déjà loin de moi
(BOILEAU)

Parmi les facultés de l'âme il en est une bien précieuse, et sans le concours de laquelle les autres facultés deviendraient inutiles : c'est la *mémoire*. C'est par elle que la conscience peut observer, analyser et étudier tous les faits de l'âme. C'est la mémoire qui permet à la perception externe d'agrandir son domaine, à l'imagination de faire revivre à nos yeux tout le passé. C'est par elle que nous pouvons suivre la série de nos raisonnements, que nous pouvons longuement comparer les objets entr'eux, et formuler des jugements sur leur manière d'être. C'est elle enfin qui complète par son concours toutes nos facultés.

Que deviendraient en effet les notions que l'homme

doit à ses sens, si elles n'étaient reliées par la mémoire ?
Nous n'aurions connaissance que de l'objet affectant immédiatement nos organes ; nous ne pourrions apprécier
par le toucher la forme d'un corps quelconque dépassant
la largeur de notre main ou de notre propre corps. La
vue ne nous ferait connaître que des étendues et des
formes visuelles très restreintes ; de plus nous verrions
toujours tous les objets dans un même plan et ce serait
en vain que le toucher nous révélerait leur distance et
leur éloignement ; nous oublierions ces perceptions immédiatement après les avoir acquises.

L'ouïe ne pourrait nous indiquer la durée ni les différentes modulations des sons ; l'oreille ne pourrait donc
être charmée par les accords de la musique. Enfin le
goût et l'odorat ne nous révéleraient que les objets
agissant immédiatement sur leurs organes. — Ainsi,
nous ne pourrions étendre par la mémoire et l'induction le cercle des jugements que nous formons sur les
données primitives des sens : nous en serions réduits à
ces seules notions primitives, et encore seraient-elles
bien incomplètes. Si nous n'avions été doués de mémoire, nous n'aurions pu établir ces sciences dont nous
nous glorifions aujourd'hui, ni développer ces arts qui
ont tant de charmes pour nous. Dans cette hypothèse,
l'homme serait encore tel qu'il est sorti des mains de
son créateur ; il n'y aurait eu ni progrès, ni civilisation, ni société, ni patrie, ni famille.

Comment l'homme, en effet, aurait-il pu se former un
langage ? Comment aurait-il pu désigner tel objet par
tel mot, et retenir ces mots ensemble de manière à en
composer une langue ? Les hommes n'auraient donc pu

communiquer entr'eux ; la société n'aurait pas existe,
notre patrie nous serait inconnue. Comment nous rap-
pellerions-nous en effet, que nous avons pris naissance
en tel lieu plutôt qu'en tel autre ? La famille n'aurait
pu se former, car tous ses membres seraient restés
étrangers les uns aux autres. Sans la mémoire enfin, il
n'y aurait pas eu de progrès possible ; en supposant
que l'intelligence ait pu acquérir quelques connaissances,
ces notions se seraient effacées aussitôt.

(Frustra docemur, si quid quid audimus, effluat) (Quintilien).

L'homme ne serait donc parvenu à connaître aucune
science, à former aucun art. Que peut produire, en effet,
la pensée, si chacun de ses produits se replonge dans le
néant aussitôt qu'il en est sorti ? Ainsi, sans la mémoire
l'homme n'aurait pu élever cet édifice de science qu'il a
bâti pierre par pierre, et en étayant chaque nouvelle
construction sur d'autres déjà achevées, il n'aurait pu
agrandir de plus en plus le domaine de son esprit, en
ajoutant progressivement aux connaissances déjà acquises, de nouvelles connaissances. Sa vie aurait été
bornée à l'instant rapide qui constitue le présent ; il
aurait ainsi vécu dans une complète et profonde ignorance, sans souvenir du passé, sans prévoyance de
l'avenir.

15ᵐᵒ DISSERTATION

Valeur des diverses sortes d'associations d'idées

Il arrive bien souvent qu'une idée éveille en nous une autre idée, que la vue d'un objet quelconque provoque le réveil soudain d'une idée pour ainsi dire endormie. Qu'un voyageur, par exemple, parcoure les ruines d'Athènes ou des cités antiques, la vue de ces débris le fera certainement penser à la grandeur passée de ces villes, aux grands hommes qui y ont vécu, aux événements qui s'y sont succédé ; cette faculté en vertu de laquelle certaines pensées en appellent d'autres est l'*association des idées*. Plusieurs philosophes, surtout les philosophes écossais, et parmi eux Dugald Stewart, ont cherché dans quelles circonstances ces liaisons d'idées paraissaient se former, et ils ont constaté que tantôt elles étaient fondées sur les rapports qui résultent de l'essence même des idées et des objets qu'elles représentent ; que parfois elles reposaient sur des rapports accidentels entre les idées et leurs objets ; que d'autres fois enfin, elles n'avaient d'autre fondement que la volonté ou le caprice. De là, trois sortes d'associations d'idées : *essentielles, accidentelles* et *arbitraires*. Il est très important d'étudier les rapports qui déterminent la liaison de ces idées ; car l'habitude que nous avons d'associer certaines idées à certaines autres, exerce sur notre cœur et notre esprit, une influence très réelle, et selon que ces associations sont vraies ou fausses, notre conduite devient régulière ou coupable.

.·.Les associations d'idées essentielles sont celles qui existent par exemple, entre les idées d'effet et de cause, de mode et de substance, de moyen et de fin; de conséquence et de principe, de tout et de partie. C'est moins un caprice de l'imagination qui les fait naître qu'un travail réfléchi de l'esprit. Dans ces sortes d'idées, une plus large part est faite à la raison, et le domaine de la fantaisie est diminué. Et c'est en enchaînant ainsi les liaisons naturelles de nos pensées dans un ordre scientifique, c'est en faisant succéder à de capricieuses combinaisons d'idées, une analyse méthodique et réfléchie, que nous nous habituons à soumettre notre conduite à de sages règles, et à donner à notre esprit un caractère de droiture et de justesse. Les associations d'idées essentielles sont donc les plus propres à former notre jugement, à étendre notre intelligence et à affermir notre caractère.

Les associations accidentelles sont celles que produisent, par exemple, les idées de ressemblance et de contraste, etc... Tant que ces sortes d'idées se lient naturellement entr'elles, tant qu'elles naissent spontanément et sous l'influence d'une vive imagination, elles font le charme des conversations, et donnent lieu aux traits d'esprit, aux saillies spirituelles. Mais dès qu'elles deviennent forcées, elles nuisent en même temps au cœur et au jugement. En effet, l'esprit toujours à la recherche de ces idées, devient mobile et frivole. En voulant continuellement faire de l'esprit, nous faussons notre jugement, et nous reproduisons dans notre conduite, cette irrégularité et cette légéreté qui caractérisent nos pensées.

Les associations d'idées arbitraires sont celles qui unissent, par exemple, l'idée de *duel* avec celle d'*honneur* : l'idée de *suicide* avec celle de *courage*. Comme elles ne reposent que sur des préjugés, ou ne sont formées que par l'ignorance, elles ne peuvent qu'exercer une funeste influence sur la conduite. Elle sont d'autant plus nuisibles, qu'elles sont presque toujours invétérées par l'habitude. Le père les transmet à ses enfants ; ceux-ci les reçoivent sans examiner si leur association est juste, et ils règlent alors leur vie et leur conduite d'après des liaisons d'idées vicieuses que l'habitude a tellement cimentées, que la raison ne peut parvenir à les disjoindre.

Concluons donc qu'il faut, avant tout, éviter de former des associations d'idées arbitraires, auxquelles l'habitude donne une force de résistance que la raison ne peut vaincre. Quant aux associations d'idées accidentelles, elles doivent naître naturellement et s'enchaîner les unes aux autres par de justes rapports ; autrement dès qu'elles sortent des limites convenables, dès qu'elles se mêlent au gré d'une imagination vagabonde, elles jettent toujours dans la pensée du désordre et de la confusion. Enfin cet enchaînement rigoureux qui caractérise les associations d'idées essentielles, donne à l'esprit une précision, une justesse et une étendue, qui lui permettent de découvrir les vérités les plus abstraites,

16ᵐᵉ DISSERTATION

Du Rôle de l'imagination dans la vie humaine, son influence sur le bonheur ou le malheur de la vie

Parmi les facultés de l'homme, il en est une dont l'énergie s'accroît par moments à un tel point qu'elle domine et absorbe toutes les autres : c'est l'*imagination*. Sans être comme la mémoire, la condition de l'exercice des autres facultés, ni comme la raison, la faculté éminemment distinctive de l'homme et de la bête, elle n'en a pas moins une très grande importance, par la direction qu'elle imprime à notre manière de voir et de penser, par les sublimes inventions auxquelles l'homme lui est redevable, par l'influence qu'elle exerce enfin sur notre vie, et le pouvoir qu'elle a de la rendre heureuse ou d'en faire un continuel supplice.

Considérée dans ses avantages, l'imagination est un des dons les plus précieux qui aient été faits à l'homme. C'est elle qui renouvelle les joies passées et ravive nos plaisirs. C'est dans l'imagination que l'homme puise ses chefs-d'œuvre ; c'est elle qui ceint son front de l'auréole du génie ; c'est par elle qu'il parvient à surpasser et à transfigurer la nature. L'imagination anime le marbre en guidant le ciseau du sculpteur; elle fait revivre la nature entière sous le pinceau du peintre ; elle inspire au poète ses chants les plus harmonieux : elle prête une âme à l'instrument qui vibre sous les doigts du musicien.

Par la puissance de l'imagination, la réalité s'efface pour faire place aux plus gracieuses fictions, monde idéal au sein duquel nous aimons à nous réfugier, pour échapper un instant aux misères de la vie réelle ; le pauvre oublie ainsi pour quelques instants son indigence ; l'exilé revoit sa patrie, et tous ceux qu'il a aimés : il peuple sa solitude de ces douces images. Le captif jouit en rêve de la liberté, et le malade croit à sa guérison prochaine.

Mais en même temps qu'elle peut être pour nous une source de bonheur, l'imagination peut aussi devenir une cause de misères. Faculté essentiellement mobile et capricieuse, elle peut créer les plus charmantes fantaisies, aussi bien que réaliser les plus effrayantes chimères. C'est elle qui faisait naître sous le pinceau de Raphaël ses suaves têtes de Vierge. C'est elle aussi qui enfantait sous le ciseau d'un sculpteur phénicien les hideuses statues de Molock ou les idoles de Baal. C'est elle qui nous fait rencontrer parmi les personnages de Racine la douce figure de Britannicus, à côté de l'odieux caractère de Néron, ou parmi les créations de Shakespeare, les gracieuses images de Roméo et Juliette à côté des sombres personnages de Macbeth ou d'Othello. L'imagination peut donc produire le mal comme le bien, le laid comme le beau, le malheur comme le bonheur.

Par le pouvoir qu'elle a de dénaturer la réalité elle peut nous rendre continuellement malheureux et insensés. C'est ainsi que J. J. Rousseau avec toutes les conditions de bonheur possible, menait une vie triste et misérable, et croyait voir des ennemis même dans ses amis les plus dévoués. C'est ainsi que certaines personnes dont Molière s'est si spirituellement moqué dans son *Malade imaginaire*, se croient affectées de tous les maux, et souffrent aussi cruellement que si elles en étaient réellement atteintes.

Pour prévenir ces écarts d'imagination, il faut donc nous habituer à prendre de l'empire sur elle et à la soumettre au jong sévère de la raison. Rappelons-nous le précepte d'Horace :

> Animum rege ; qui nisi servit,
> Imperat . . . .

Retenons soigneusement la *folle du logis*, comme l'appelait Malbranche, de peur qu'elle ne s'égare dans des divagations insensées. Dans ces conditions, l'imagination fera le charme de notre existence au lieu d'en faire le tourment. Car le véritable bonheur consiste dans la sagesse, et la sagesse dans la modération, dans le calme de l'âme. Et ce calme n'est pas conciliable avec les déréglements de l'imagination, les misères qu'elle entraîne, les agitations qu'elle provoque, les désirs insensés qu'elle inspire.

17ᵐᵉ DISSERTATION

De la part de la mémoire et de l'invention dans les œuvres d'imagination

Si nous arrêtons nos regards sur une statue sortie

des mains d'un habile sculpteur, nous conviendrons que
c'est bien là la forme humaine. Et cependant, nous serons
forcés d'avouer que nul homme ne ressemble à cette statue.
Nous aurons beau chercher parmi tous ceux qui nous en-
tourent, nous ne verrons personne doué d'une beauté aussi
parfaite et de formes aussi pures. L'artiste a donc *trouvé*
dans son imagination un homme plus beau que tous
ceux qui existent ; mais c'est grâce au *souvenir* qu'il
avait de la forme humaine telle qu'elle est en réalité. Il
y a donc dans son œuvre, la part de la *mémoire*, et
celle de l'*invention*. Il en est de même pour toutes les
autres œuvres d'imagination.

Prenons par exemple la tragédie de Corneille intitu-
lée *Cinna*. La mémoire a fourni à Corneille les maté-
riaux de son œuvre. Il s'est rappelé quelques lignes de
Sénèque qui retraçaient sèchement le fait tel qu'il s'est
passé. Mais suffisait-il à Corneille de se rappeler ces
traits historiques et de les combiner avec art, pour en
composer l'admirable tragédie qui nous reste ? Si Corneille s'était borné à nous faire assister à des entretiens
avec divers personnages représentant fidèlement Augus-
te, Cinna, Maxime, tels qu'ils étaient il y a deux mille
ans, nous n'aurions vu en eux que de pâles fantômes
du passé, sortis de leur tombeau pour recommencer la
scène qu'ils avaient jouée au naturel dix-huit siècles
auparavant. Mais Corneille ne s'est pas arrêté à combiner les données de la mémoire pour en composer sa tragédie. Du personnage tout humain dont Sénèque trace
le caractère, il a fait un héros d'une générosité presque
divine, un type de grandeur d'âme que nous ne pourrions rencontrer nulle part. C'est le propre de l'art dra-

matique de mettre en scène des hommes plus grands et
plus beaux que nature. C'est ainsi que les acteurs antiques chaussaient le cothurne pour paraître de plus haute
taille. — Corneille a donc transfiguré et agrandi la réalité. Il y a donc dans son œuvre la part de l'imitation, de
la mémoire, et celle de l'invention. Créateur dans la
réalisation d'un type de noblesse qui n'a point de modèle sur la terre, il ne l'est point quant à l'idée première
de ce caractère. Considérant à la fois le caractère d'Au-
guste tel que l'histoire le dépeint, et le type idéal de
grandeur d'âme qu'il voulait réaliser, Corneille a compo-
sé sa tragédie dans un double but d'imitation et de création. Son héros est bien un homme, mais un homme
plus grand que tous les autres. Il lui donne une générosité que personne ne peut imiter ; il lui prête un langage que personne ne parle.

— On a dit de lui qu'il a peint les hommes tels qu'ils
devraient être, tandis que Racine nous les a montrés
tels qu'ils sont ; mais les héros de Racine, pas plus que
ceux de Corneille n'ont d'existence réelle. Ce n'est pas à
dire pour cela que leur caractère soit hors nature ; les
deux grands tragiques ne sont point tombés dans
le défaut de beaucoup de nos auteurs contemporains qui
bien souvent, dans leurs peintures, exagèrent la laideur
ou la beauté. La perfection de leur œuvre consiste dans
un heureux mélange du vraisemblable et de l'idéal.

18ᵐᵉ DISSERTATION

Théorie des opérations intellectuelles d'après Bossuet.

Les faits de l'âme peuvent se classer en trois grands groupes : faits sensibles, faits intellectuels, faits volontaires. Sous le nom général d'intelligence, la philosophie moderne comprend six facultés : la perception des sens, la conscience, la mémoire, l'imagination, la raison et le jugement, et elle distingue ces facultés des opérations intellectuelles proprement dites. Bossuet, dans son *Traité de la connaissance de Dieu et de soi-même*, donne des facultés de l'entendement une toute autre division.

D'abord, il fait rentrer dans la sensibilité la perception des sens et l'imagination. Il confond le fait de connaissance avec le fait purement sensible comme le plaisir ou la douleur. La sensation, dit-il, est une première perception. — C'est une opinion qu'il est permis de contester, car une observation attentive montre clairement que le phénomène de la sensation est bien distinct du fait intellectuel, et que celui-ci ne fait que suivre le premier. On peut encore reprocher à Bossuet d'avoir méconnu le rôle intellectuel de l'imagination. S'inspirant de saint Thomas et de l'École, il divise les sensations en sensations extérieures et intérieures, et par celles-ci, il entend le sens commun ou centre de sensa-

tions, et l'imagination ou mémoire, qui conserve et reproduit en l'absence de l'objet, la perception que nous en
avons eue.

Après avoir parlé de la sensibilité, Bossuet étudie ensuite les opérations intellectuelles. Ce sont celles, dit-il,
qui s'élèvent au-dessus des sens. Tout en confondant un
peu le rôle de la sensibilité et de l'intelligence, Bossuet
s'efforce néanmoins de les distinguer l'une de l'autre, et
il revient souvent sur les différences qui les séparent. Il
nous montre que ces prétendues erreurs dont on accu-
sait les sens ne doivent être attribuées qu'à l'entendement. « A proprement parler, dit-il, il n'y a pas d'erreur
dans le sens qui fait toujours ce qu'il doit. » Plus tard,
il reviendra encore sur cette distinction des sens et de
l'intelligence : un bruit trop violent blesse notre oreille ;
une lumière trop vive offense les yeux ; mais plus la lumière de la vérité brille en notre esprit, plus il arrive à
la contempler, plus il est satisfait. Bossuet fait encore la
distinction de l'imagination et de l'intelligence : l'imagination, selon lui, n'est que la suite et l'image des sensations. Elle ne pourrait, comme l'intelligence, connaître
la nature des choses. On ne peut imaginer ni Dieu ni
l'âme, on ne peut que les concevoir ; la vérité, la justice,
ne sont pas non plus imaginées, mais entendues. Mais
Bossuet méconnaît le rôle propre de l'imagination. Ce
rôle ne consiste pas seulement à reproduire les objets du
monde sensible ; mais à propos de la perception de ces
objets, elle s'élève à quelque chose de plus parfait
qu'eux ; elle fait briller à nos yeux un type, un *idéal*
qui surpasse la réalité.

Enfin, Bossuet, sous le nom général d'entendement,

prend tantôt la faculté générale de connaître, tantôt les opérations secondaires de l'intelligence, tantôt la raison ; et ces diverses acceptions jettent un peu de confusion dans sa théorie des opérations de l'esprit. Sous le nom général d'intelligence, il comprend même la volonté ; la raison, d'après lui, nous permet de discerner le vrai d'avec le faux, le bien d'avec le mal ; or, aussitôt que le bien a été distingué, il est une force intellectuelle qui nous porte vers lui ; cependant, Bossuet ne méconnaît pas le libre arbitre, car, dit-il, si nous sommes déterminés par notre nature à vouloir le bien en général, nous gardons la liberté de notre choix à l'égard de tous les biens particuliers.

Telle est, selon Bossuet, la théorie des opérations intellectuelles. Sans doute, on y trouve quelques confusions, quelques inexactitudes ; mais ces faibles taches disparaissent dans le mérite général de l'œuvre et au milieu de tant de pages admirables de force et de vérité.

19me DISSERTATION

Distinguer la raison d'avec le raisonnement

Il arrive quelquefois, que trompés par la ressemblance des termes *raison* et *raisonnement*, nous les employons indifféremment l'un pour l'autre. Il y a cependant entr'eux des différences bien sensibles, et qu'il faut

bien se garder de méconnaître. La *raison* est la faculté
que possède notre intelligence de concevoir les idées et
les vérités universelles, nécessaires, absolues, tandis que
le *raisonnement* n'est qu'une opération, un acte au
moyen duquel l'esprit atteint les vérités qui échappent à
la seule raison.

Car bien qu'étendue, la raison humaine n'est pas infinie ; il y a des vérités qu'elle perçoit immédiatement :
ainsi tout homme, même le plus ignorant, ne voit jamais un effet sans s'élever immédiatement à l'idée de
cause ; mais si les idées de cause, de substance
sont immédiatement conçues par la raison, il en est
d'autres qu'elle ne peut atteindre sans le secours
du raisonnement. Ainsi, nous n'apercevons pas immédiatement la vérité des théorèmes de géométrie,
par exemple : ce n'est qu'à l'aide du raisonnement que
nous arrivons à concevoir l'exactitude de leurs énoncés.
Mais si c'est le raisonnement qui nous fait connaître les
vérités cachées, ce n'est pas lui qui les connaît; c'est la
raison. Il aide la raison à connaître, mais par lui-même,
le raisonnnement n'est pas une faculté intellectuelle :
c'est en quelque sorte un instrument dont l'esprit se
sert pour découvrir ce qui lui échappe. La raison guide
le raisonnement, le conduit pour faire jaillir la vérité
de l'obscurité qui l'enveloppe, absolument comme la
main intelligente du sculpteur, trop faible pour tailler
elle-même le marbre, dirige et conduit le ciseau, et par
ce moyen, peut faire sortir de la pierre une belle statue ;
mais ce n'est pas le ciseau qui a formé la statue, il n'a
fait qu'aider la main dans son travail. De même, ce
n'est pas le raisonnement qui trouve enfin la vérité ca-

chée ; mais il aide la raison à la découvrir. Le raisonnement, pour nous servir d'une autre comparaison, est
comme le microscope qui permet à l'œil d'apercevoir un
objet infiniment petit. Ce n'est pas le microscope qui
voit, c'est l'œil ; mais c'est au moyen du microscope que
l'œil parvient à découvrir l'objet. Sans cet instrument,
l'œil ne verrait rien ; de même la raison ne peut se
passer du raisonnement pour apercevoir enfin les vérités qui lui échappent.

Il faut donc avouer que le raisonnement est une sorte
de supplément accordé à la faiblesse de notre intelligence. Si nous pouvions contempler intuitivement toutes
les vérités, les sciences nous auraient été toutes connues
dès notre origine. Mais n'est-il pas plus glorieux pour
l'homme d'être parvenu avec ses propres forces à élever
enfin cet édifice de science ? C'est à force de travaux et
d'attention, mais c'est avec les seules lumières de sa raison, que l'homme est parvenu à découvrir les sciences
mathématiques et naturelles, par exemple. Et cette découverte lui fait plus d'honneur, que si elle n'avait nécessité aucun effort de sa part ; que s'il lui avait été
donné de contempler sans fatigue et sans peine ces
vérités que le seul travail de sa raison, aidée du raisonnement, lui a permis enfin de découvrir.

20ᵐᵉ DISSERTATION

Du principe de causalité, son origine, ses formations, sa formule

Nous ne voyons jamais un effet sans affirmer aussitôt qu'il a une cause : nous faisons continuellement l'application de ce principe : tout phénomène a une cause. Mais quelle est l'origine de ce principe ? Il repose évidemment sur l'idée que nous avons qu'un effet ne peut se manifester sans qu'une cause ne l'ait produit ; mais d'où vient cette idée ? La devons-nous à l'expérience ? Prend-elle naissance dans la conscience ou la perception des sens ? Les sens nous révèlent, il est vrai, la succession des faits, mais ne nous font pas connaître le rapports qui les unissent entr'eux. Est-ce la conscience ? La conscience nous donne bien l'idée de la cause que nous sommes ; mais son domaine étant borné au *moi*, elle ne nous donne pas l'idée des causes extérieures et ne saurait nous faire établir le principe de causalité dans toute son universalité. Il y a donc dans notre âme une faculté supérieure qui nous fait sortir du particulier et du contingent, et nous fait concevoir les vérités universelles et nécessaires : cette faculté c'est la raison. C'est donc sur l'idée rationnelle de *cause* que repose le principe de causalité.

Mais comment arrivons-nous à former ce principe dans toute sa généralité ? Comment arrivons-nous à

l'établir sous cette forme : tout phénomène a une cause ?
— Est-ce après avoir vu plusieurs fois un effet succéder
à une cause, que nous formulons ainsi ce principe ? Est-
ce parce que nous n'avons jamais vu un effet sans cause
que nous concluons ainsi d'une manière générale et
universelle que tout phénomène a nécessairement une
cause ? Nullement. — A propos d'un seul effet, nous
percevons immédiatement le rapport nécessaire qui l'unit
à sa cause ; autrement, quand même nous verrions cent
fois un effet précédé d'une cause, nous ne pourrions
cependant pas conclure qu'ils sont indissolublement
unis. Nous ne pourrions que dire : il est probable que
les faits se représenteront dans le même rapport ; mais
nous ne pourrions affirmer que ce rapport est nécessaire, universel, absolu. Ainsi un seul événement, un
seul effet suffit pour nous permettre de formuler le
principe de causalité dans toute sa généralité.

Mais pourrions-nous le formuler de cette manière :
tout *effet* a une cause ? On voit clairement que non.
Enoncé de cette façon, le principe est frivole ; le premier
terme contient déjà l'autre ; dans le mot d'*effet*, l'idée de
cause est déjà implicitement exprimée, — car un effet
n'est autre chose que le résultat, la manifestation d'une
cause ; et dire qu'un effet suppose une cause, c'est dire
qu'un effet est un effet. Mais on ne fait pas une frivole
proposition, quand on dit : tout fait, tout phénomène a
une cause, le premier terme n'est pas contenu dans le
second, c'est donc la vraie formule du principe de causalité.

Tel est donc ce principe considéré dans son origine,
sa formation est sa véritable formule.

21me DISSERTATION

Utilité des idées générales.

Le domaine de nos connaissances serait bien restreint, si elles ne se composaient que des seules notions fournies par les facultés intellectuelles. Mais l'esprit a le pouvoir d'agrandir le cercle des idées dont les facultés intellectuelles sont la source. Par l'abstraction, il décompose en leurs différentes qualités les objets qu'il n'aurait pu voir que confusément en leur ensemble, et il examine séparément chacune d'elles. Par la comparaison, il rapproche les unes des autres ces diverses qualités, remarque celles qui sont communes aux objets qu'il considère, et celles au contraire qui diffèrent les unes des autres ; et enfin il réunit toutes les propriétés communes en une seule, par un acte qui est la *généralisation*.

L'on voit par là de quelle utilité nous est la généralisation ; elle nous permet de former les idées générales simples d'odeur, de couleur, de pesanteur, et les idées générales complexes de classes, de genres, d'espèces. Sans elle, nous n'aurions que des idées individuelles. L'idée d'odeur, par exemple, serait pour nous celle de l'objet affectant immédiatement notre organe. L'abstraction nous permettrait bien, il est vrai, de considérer cette odeur séparément de l'objet dont elle émane ; mais cette idée abstraite d'odeur ne serait pas une idée générale. En vain l'esprit aurait détaché d'une foule d'objets

4.

leur propriété commune d'affecter notre odorat, en vain il aurait rapproché par la comparaison ces propriétés communes, il n'aurait eu qu'une collection d'odeurs, mais non l'idée générale d'odeur. Et quel travail n'eût-ce pas été pour lui s'il lui eût fallu considérer séparément chacune des propriétés communes des objets, s'il n'avait pu les fondre en une seule notion générale ; mais la généralisation lui permet d'obtenir au lieu d'une foule d'idées entassées confusément, une seule et unique idée .renfermant toutes les autres.

De plus, sans les idées générales, les sciences ne pourraient exister. Toutes les sciences, en effet, reposent sur des notions générales ; toutes ont pour objet, non le particulier, mais l'universel. La géométrie, par exemple, repose sur l'idée d'étendue ; mais quelle importance aurait-elle, si, n'ayant pas le pouvoir de généraliser, nous lui assignions comme base, l'étendue d'un seul corps et non l'étendue en général? Elle démontre les propriétés de tous les triangles, de tous les cercles, et non les propriétés de tel ou tel triangle, de tel ou tel cercle. Une seule science a pour objet le particulier et l'individuel ; c'est celle qui traite de Dieu : toutes les autres ont pour objet le général et l'universel.

Non seulement les idées générales sont la condition de toute science, mais elles sont encore indispensables à la formation du langage.

Il n'y a en effet dans le langage que des termes généraux et non des dénonciations individuelles. Chaque nom désigne une classe, une espèce ; aucun ne désigne un être individuel de cette classe. Ainsi les mots homme, cheval, conviennent non pas à un homme en

particulier, non pas à un seul cheval, mais à tous les
individus de la même classe, à tous les animaux de la
même espèce. On leur donne bien des noms particuliers
pour les distinguer les uns des autres : mais ces noms
eux-mêmes s'appliquent à plusieurs individus, et il est
bien rare de trouver un *nom propre*, qui soit réellement
propre à l'individu qui le porte. S'il fallait donner un
nom à chaque objet, à chaque personne, il en résulterait
un langage monstrueux, renfermant une prodigieuse
quantité de mots, et tout à fait au dessus des forces de
l'esprit humain.

Concluons donc que sans les idées générales, l'esprit
se perdrait dans la confusion de ses pensées, et serait
impuissant à concevoir cette immense variété d'idées.
Jamais la mémoire ne serait assez vaste pour conte-
nir ce nombre infini de termes ; c'est donc la généralisation, qui en condensant, en réunissant les idées
en une seule, forme la base de toute science, et permet
enfin aux hommes de communiquer entr'eux par le
langage.

22ᵐᵉ DISSERTATION

Théorie de la Table Rase et des Idées Innées

La question de l'origine des idées a de tout temps
divisé les philosophes. Les systèmes les plus célèbres
imaginés à ce sujet sont ceux de la *Table Rase* et des
Idées Innées.

D'après Descartes, notre âme, au moment de notre naissance, n'est pas vide de connaissances. Ce n'est pas, comme le prétendent les philosophes empiriques, un tableau sur lequel aucun caractère n'est tracé : ce n'est pas une *Table Rase*. Certaines idées sont comme empreintes dans l'âme ; ce sont les *idées innées*. Descartes ne prétend pas que toutes nos idées soient innées ; il en est certainement dont il place la source dans l'expérience. Mais quant aux idées rationnelles, elles sont, selon lui, empreintes dans notre âme dès notre naissance.

La raison humaine étant une parcelle de la raison divine mise en chacun de nous par le Créateur, elle se trouve naturellement en possession d'une partie des vérités que la raison de Dieu conçoit éternellement. Mais sous quelle forme ces principes se trouvent-ils dans l'âme humaine ? A-t-elle une simple disposition à les acquérir, ou les possède-t-elle tout formés dès le moment de notre naissance? C'est ce que Descartes ne précise pas. Il enseignait d'abord que les idées rationnelles étaient réellement innées en nous ; mais pressé par les objections de ses adversaires, il n'admit plus qu'une simple disposition naturelle à les concevoir.

Leibnitz a repris cette dernière hypothèse en la modifiant. Pour lui, l'âme n'a pas seulement une simple disposition à acquérir les idées rationnelles : elle les possède dès notre naissance ; seulement ces idées sont en germe, pour ainsi dire ; elles existent déjà, mais elles ne sont pas encore développées ; il faudra que l'expérience et l'éducation viennent féconder ces germes pour les faire parvenir à leur parfaite maturité. Leibnitz compare l'âme à un bloc de marbre, non pas uni et pouvant recevoir indifféremment toutes les formes, mais sillonné de veines, qu'un caprice de la nature aurait disposées en forme de statue. Cette statue existe déjà dans le bloc, seulement il faudra qu'elle soit dégrossie et travaillée par le ciseau pour apparaître dans toute la pureté de ses formes et la netteté de ses contours. De même, les idées, suivant Leibnitz, existent dans l'âme dès le principe ; mais il faut qu'elles soient, pour ainsi dire, travaillées et dégrossies par l'expérience, pour apparaître dans toute leur netteté et leur précision.

Tel est, dans ses divers développements, le système des *idées innées.*

Suivant d'autres philosophes, Locke principalement, toutes les idées nous viennent de l'expérience. Il résume sa doctrine dans la maxime célèbre : *Nihil est in intellectu, quod non prius fuerit in sensu.* L'âme, selon lui, au moment de notre naissance, est absolument dépourvue de connaissances. Aucun caractère n'y est tracé : elle est comme une *table rase.* Toutes les idées qui viennent ensuite s'y imprimer sont dues à l'expérience. L'expérience, selon lui, a deux formes : la sensation et la réflexion. Des idées simples et des données primitives de l'expérience il prétend tenir les idées complexes et les notions rationnelles. M. Cousin a victorieusement combattu les arguments sur lesquels Locke étayait sa doctrine. Du reste, l'observation seule suffit pour mettre en évidence le peu de valeur de ce système. Comment pourrait-on, en effet, tirer les vérités universelles et nécessaires des idées particulières et contingentes dont l'expérience est la source ?

Telles sont, rapidement exposées, les deux célèbres

doctrines des *Idées Innées* et de la *Table Rase*. Laquelle
devons-nous adopter? L'opinion la plus généralement
répandue maintenant est en faveur du système de Leibnitz. Nous admettrons donc avec lui que les idées sont
à l'état latent dans l'âme et que l'expérience les vient
mettre au jour. Elles ressemblent, en quelque façon, aux
caractères tracés sur le papier à l'aide de l'encre sym-
pathique. Ils existent sur la feuille blanche bien qu'ils
ne puissent être vus, et la chaleur les fait apparaître,
comme l'expérience met au jour les idées de la raison.

23ᵐᵉ DISSERTATION

Des signes et de leurs diverses espèces

Bien souvent la perception d'une chose éveille immédiatement dans notre esprit l'idée d'une autre chose
ayant avec la première un rapport déterminé. Ainsi l'o-
deur d'une rose, éveille en nous l'idée de cette fleur. La
vue de la fumée nous donne de suite l'idée du feu. Ces
idées sont tellement liées les unes aux autres, que l'une
d'elles ne peut s'offrir à l'esprit, sans que l'autre ne lui
devienne également présente. Les choses qui éveillent
ainsi en nous l'idée d'autres choses, sont les *signes* de
celles-ci.

On peut donc définir le signe: une chose sensible qui
rappelle une autre chose et en éveille l'idée. Ce qui cons-

titue le caractère particulier du signe, c'est que l'esprit
ne peut le percevoir, sans concevoir en même temps l'i-
dée de la chose signifiée. Pour que cette idée s'offre immédiatement à l'esprit dès qu'a paru le signe auquel elle
est unie, il faut donc que ce signe ait avec la chose qu'il
représente, un rapport qu'il n'ait avec aucune autre
chose ; en second lieu, il faut que l'esprit saisisse ce rapport dès que le signe paraît. Comment en effet le mot de
rose, éveillerait-il en nous l'idée de cette fleur, si ce mot
désignait en même temps un arbre ou tout autre objet?
Le mot *rose* ne serait donc pas, dans ce cas, le signe de
la fleur qu'il désigne. — Et de plus, en supposant que
j'ignore la langue française, le mot *rose* offrirait-il à
mon esprit l'idée de cette fleur? — Aucunement. —
Ainsi, dans ce cas, ce mot tout en ayant un rapport spé-
cial avec l'objet qu'il signifie, ne serait cependant pas un
signe pour moi. Il faut donc, pour qu'une chose puisse
être appelée le signe d'une autre, qu'elle réunisse les
deux caractères que nous venons encore d'indiquer.

Il y a des choses qui sont naturellement des signes :
il en est d'autres qui ne le sont qu'en vertu d'une con-
vention. L'on peut donc distinguer deux espèces de signes, les signes *naturels* et les signes *artificiels*. Les
premiers résultent de la nature même des objets qu'ils
désignent : ainsi la fumée est naturellement le signe du
feu; les autres ne reposent que sur la volonté ou le caprice, et n'ont d'autre rapport avec l'objet qu'ils représentent, ou le sentiment qu'ils expriment, que celui
qu'on a bien voulu leur prêter. Quel rapport a par exemple une rose avec la passion dont on l'a fait l'interprète,
une violette avec l'humilité dont elle est l'emblème, un

lys avec la candeur dont il est le symbole ? — Les signes
naturels sont *toujours* les mêmes : la fumée ne désigne
pas le feu plus clairement qu'elle ne le désignait il y a
des siècles ; tandis que les signes artificiels changent
avec les temps ; pour continuer l'exemple que nous ci-
tions plus haut, il est probable que les premiers hommes
ne connaissaient pas le *langage des fleurs.*

De plus les signes naturels sont *partout* les mêmes ;
partout les larmes décèlent la douleur, partout le rire révèle la joie, mais l'on ne voit pas en tout lieu les hommes
se découvrir les uns devant les autres en signe de respect ; presque chaque peuple a sa manière de saluer.

Enfin les signes naturels sont compris de tous les
hommes, tandis que les signes artificiels demandent
pour être compris, une sorte d'initiation préalable. Personne ne saurait comprendre la signification d'un bou-
quet, par exemple, à moins de connaître le sens attri-
bué à chacune des fleurs qui le composent.

Tels sont dans leurs principales différences les signes
naturels et artificiels.

24me DISSERTATION

Influence du langage sur la formation et le dé-
veloppement des idées.

Le Langage a avec la pensée des rapports très étroits ;
sans lui être uni d'une façon indissoluble, il ne l'accom-
pagne pas moins presque constamment,

Sans doute notre esprit peut quelquefois penser sans avoir besoin du langage pour exprimer ses idées ; mais elles sont alors vagues et confuses ; et pour qu'elles deviennent nettes et précises, il est nécessaire qu'elles soient contenues et pour ainsi dire emprisonnées dans des phrases. Ainsi, le langage exerce sur la formation et le développement de nos idées une influence incontestable.

La pensée étant quelque chose d'entièrement immatériel, sans limites déterminées, sans forme accusée, sans contours arrêtés, l'esprit ne peut, quand elle s'offre à ses regards, l'apercevoir distinctement, ni en apprécier exactement la valeur. Mais le langage la revêt en quelque sorte d'une forme sensible, lui prête un corps, l'enferme et la circonscrit dans une phrase, et l'esprit peut dès lors l'apercevoir dans toute sa netteté et sa précision.

De plus le langage permet à l'esprit de décomposer et d'analyser ses pensées. D'abord les idées s'offrent à lui confuses et mêlées les unes aux autres. Mais chaque mot exprimant une idée, l'esprit en enfermant sa pensée dans une phrase, la décompose en ses divers éléments ; et en les séparant ainsi les unes des autres, il se rend un compte exact des idées qu'il n'aurait pu apercevoir que confusément en leur ensemble.

En outre, sans le langage, point d'idées abstraites ou générales, car ces idées sont par elles-mêmes si subtiles et si fugitives qu'elles se dissipent aussitôt que l'esprit les a formées. Nous aurions de la peine à concevoir longtemps l'idée d'étendue, par exemple. Cette idée perdrait bientôt sa généralité et deviendrait non plus l'étendue mathématique, mais l'étendue d'un objet particulier. Mais le langage en prêtant en quelque sorte un corps à l'idée abstraite ou générale, lui donne plus de fixité et de permanence, et l'esprit peut s'en servir à tout moment sans éprouver ni gêne ni fatigue.

Si le langage est nécessaire à l'esprit pour former les idées abstraites ou générales, il lui est bien plus utile encore dans ses autres opérations, comme le raisonnement, la comparaison. Comment pourrions-nous poursuivre la série de nos raisonnements si les caractères écrits n'étaient là pour soulager notre esprit ?

Aussi le langage nous est d'un grand secours ; mais s'il aide l'esprit à connaître, nous ne devons pas dire pour cela, avec M. de Bonald, que le langage est la source même de ses connaissances et qu'il lui doit toutes ses idées, même les idées rationnelles. Ces idées existent dans l'esprit de tout homme bien avant d'être formulées et nous pouvons assurer qu'en l'absence de tout langage la pensée n'en existerait pas moins. Condillac disait : « Toute science n'est qu'une langue bien faite ». Mais s'il est vrai qu'une langue bien faite contribue puissamment au développement des sciences elle n'en est pas la source immédiate. Concluons donc que la langage exerce une grande action sur le développement de la pensée, mais qu'il n'en est pas la source. La vraie source de nos idées c'est l'activité de notre esprit provoquée par les objets avec lesquels nous sommes en rapport. Le langage aide notre esprit, lui prête son concours, mais il n'est que l'instrument dont il se sert, et par lui-même il n'a pas plus de pouvoir, que le levier privé de la main qui le fait agir.

25ᵐᵉ DISSERTATION

Psychologie comparée. Examen des différents états psychologiques

Le Rêve, le Somnambulisme, la Folie

A l'occasion des données des sens et de la conscience, les idées se forment dans notre esprit. — La raison contrôle ces notions premières, la mémoire les conserve, l'imagination les reproduit et les transforme, et nous arrivons ainsi, par l'exercice régulier de nos facultés, à compléter les connaissances fournies par la perception extérieure.

Mais l'intelligence humaine peut subir, suivant les différents états psychologiques, des modifications accidentelles ou permanentes, dans l'exercice même de ses facultés.

Pendant le sommeil, certaines facultés se ferment pour ainsi dire. — D'autres conservent un certain degré d'activité, et échappent plus ou moins à l'assoupissement dans lequel l'organisme est plongé. — Parmi celles-ci, il faut placer en première ligne l'*imagination*. Les images qu'elle évoque pendant notre sommeil n'étant plus contrôlées par les autres facultés, se succèdent et se combinent dans un désordre fantastique ; et malgré leur absurdité et leur invraisemblance, le dormeur croit à la réalité de ses rêves. — Dans cet état, la plupart des

sens ne fonctionnent plus ; toutes les opérations de l'esprit qui dérivent de la réflexion se trouvent suspendues ;
et dès lors, les rêves enfantés par l'imagination ne trouvent ni dans la conscience, ni dans le raisonnement, ni
dans la comparaison, un obstacle à leur production spon-
tanée.

En dehors du rêve ordinaire, certaines personnes dont
la sensibilité nerveuse est très exaltée, peuvent se trouver parfois plongées dans un rêve maladif, qui est le
somnambulisme. — Dans cet état, la faculté locomotrice
subsiste ; le somnambule·marche et agit, avec une sû-
reté d'autant plus grande, que tous ses mouvements
sont en quelque sorte instinctifs et irraisonnés.

Toutes les sensations qui se rattachent à l'image évo-
quée en son esprit, se produisent avec une finesse prodigieuse, et les sens qui les transmettent acquièrent un
extrême degré de pénétration.

Il est des personnes chez lesquelles ces phénomènes
se développent naturellement. Il en est d'autres qui
peuvent être plongées dans cet état, par suite de certaines influences extérieures ; c'est le somnambulisme ar-
tificiel, ou l'*hypnotisme*. — La personne, qui par son
action, a su produire chez un sujet le sommeil magnétique, reste pour ainsi dire, présente dans le rêve qu'elle
a provoqué, et peut *suggérer* au patient les idées les
plus singulières : toutes ces impressions s'effacent au
moment du réveil, et le sujet n'en garde aucun souvenir.

Il est encore un état dans lequel les facultés humaines ne s'exercent plus d'une façon normale et régulière,
cet état est l'hallucination et la folie sous toutes ses for-

mes. La cause de la folie réside encore dans une surexcitation maladive de l'imagination, et dans l'affaiblissement des autres facultés. Dès que la volonté s'affaiblit, que l'attention se relâche, que la raison cesse d'exercer son empire sur les suggestions de l'imagination, celle-ci usurpe plus ou moins le rôle des autres facultés, et se donne carrière dans les divagations les plus insensées.

Ainsi, même dans l'état de santé, lorsque les autres facultés sommeillent, l'imagination veille encore, et se manifeste dans le rêve. — Elle peut acquérir, dans la formation de nos idées, un rôle prépondérant, lorsque par suite d'un état maladif, les autres facultés sont impuissantes à la maintenir.

26ᵐᵉ DISSERTATION

De l'instinct, soit dans les animaux, soit dans l'homme: quels en sont les caractères, et comment le distingue-t-on de l'habitude et de la volonté.

Il y a chez l'homme comme chez l'animal, une tendance mystérieuse qui les pousse à agir sans qu'ils aient conscience de leur action, un penchant irrésistible qui a son principe dans leur nature même, et qui les porte fatalement à l'accomplissement d'actes, auxquels ni la volonté ni la réflexion ne prennent part; cette force, cette tendance, c'est l'*instinct*. Cette puissance que l'âme possède d'entrer en action en vertu de son activité propre, se manifeste aussi bien dans l'être raisonnable que dans l'animal inintelligent. Il y a pourtant une distinction à faire : c'est que chez celui-ci, l'instinct est la forme permanente et essentielle de l'activité, tandis que chez l'homme, ce n'est qu'un mode particulier de la puissance d'agir. Il y a bien une époque de sa vie où toutes ses actions sont irréfléchies et instinctives : c'est la première enfance. Sa raison ne le guide pas encore, il n'a pas encore conscience de sa liberté. Mais à mesure que son intelligence se développe, l'homme cesse peu à peu d'agir fatalement, et il acquiert bientôt la libre direction de sa conduite.

Qu'on le considère dans l'homme ou dans l'animal, l'instinct présente toujours les mêmes caractères distinctifs.

L'enfant allaité par sa mère ignore la destination du lait qu'il aspire. La poule ne sait pas, en couvant ses œufs, à quoi aboutira sa longue et patiente sollicitude ; l'*ignorance du but*, voilà un des caractères de l'instinct. De plus, l'instinct n'admet pas de *progrès* : il arrive de suite à toute la perfection dont il est susceptible. La première fois qu'un oiseau fait son nid, il le fait tout aussi habilement qu'après avoir maintes et maintes fois recommencé la même construction. Un autre caractère, c'est l'*uniformité* dans tous les êtres d'une même espèce. Tous les travaux qu'exécutent différentes classes des animaux présente cette uniformité. Les constructions des castors sont toutes faites sur le même modèle. Les nids d'une même espèce d'oiseaux sont tous construits de la même façon. Mais les différentes familles d'animaux ont chacune leur genre propre de travaux et ne pourraient en exécuter d'autres. Les hirondelles ne sauraient bâtir le même nid que les fauvettes. D'où un dernier caractère de l'instinct, la *spécialité*.

Tous ces différents caractères sont moins appréciables chez l'homme, car l'instinct ne tarde pas à s'affaiblir chez lui, pour faire place à l'activité libre et réfléchie. Mais, si faible qu'il devienne, il ne disparaît jamais. Il ne faudrait pas le confondre avec une autre forme de l'activité, à laquelle la réflexion est aussi étrangère ; c'est l'*habitude*. L'observation intérieure découvre trois modes bien distincts de la faculté générale d'agir : l'*instinct*, la *volonté*, l'*habitude*. La volonté a pour caractère distinctif, la réflexion, la pleine possession de soi-même que n'admet pas l'instinct. Un acte volontaire suppose toujours l'examen des motifs qui nous portent à l'accomplir, la prévision de ce qui en résultera ; mais nous ne discutons pas quand nous agissons instinctivement. L'habitude ne doit pas non plus être confondue avec l'instinct, car, si elle a, comme lui, le caractère de la spontanéité, elle a son principe, non dans notre propre nature, mais dans la répétition fréquente et volontaire d'un même acte. Elle tient donc à la fois de la volonté et de l'instinct sans se confondre avec l'une ni avec l'autre. Mais si différent que soit l'instinct de la volonté, il n'y supplée pas moins avec avantage dans diverses circonstances, où la volonté ne pourrait suffire.

27me DISSERTATION

Des divers phénomènes moraux par lesquels se manifeste la croyance universelle des hommes à l'existence du libre arbitre.

Il est un fait certain, et qui trouve sa sanction dans la croyance universelle, c'est que l'homme est maître de ses actions. En vain quelques philosophes ont voulu opposer le fatalisme au libre arbitre ; en vain d'autres ont essayé de mettre la prescience de Dieu en contradiction avec la liberté de nos actes ; nous savons que nous sommes libres de nous déterminer à faire telle chose plutôt que telle autre, à suivre le chemin de l'honneur ou à nous en écarter, à céder à nos passions ou à y résister. C'est un fait dont chaque homme porte en lui la conviction, et la croyance de l'humanité tout entière est là pour l'attester.

Pourquoi en effet, la société entoure-t-elle de son estime le citoyen vertueux, tandis qu'elle accable de son mépris l'homme qui se livre à ses vices? N'est-ce pas parce qu'elle suppose en chacun la liberté de ses actes ? Si elle les considérait l'un et l'autre comme ayant agi fatalement, comme ayant été poussés dans ces deux voies opposées par une force mystérieuse, pourquoi ces éloges prodigués à l'un, et ce blâme jeté sur l'autre ? Pourquoi reprocher à l'un les fautes qu'une puissance supérieure lui a fait commettre, et louer l'autre pour de bonnes actions qu'il a accomplies malgré lui? Puisque l'humanité distribue ainsi l'éloge ou le blâme, puisqu'elle sait faire la distinction du mérite et du démérite, c'est donc qu'elle reconnaît en chacun de ses membres la libre direction de sa conduite.

Cette distinction du vice et de la vertu n'est pas la seule preuve à opposer au fatalisme. Si nous nous examinions au moment d'accomplir un acte important, nous verrions que nous pesons avec soin les raisons qui nous portent à agir, et les motifs qui nous en détournent. Ce serait folie de notre part de délibérer, si nous devions fatalement accomplir tel acte plutôt que tel autre, si nous n'avions pas conscience de notre liberté; et même sans une pleine possession de nous-mêmes, sans une entière liberté d'action, pourrions-nous seulement délibérer ? Nous obéirions aveuglément à l'irrésistible impulsion du destin, sans nous rendre compte des motifs de nos actions. Le libre arbitre est encore prouvé par ces remords qui torturent le criminel, par cette voix de la conscience qui lui reproche incessamment ses fautes. Il s'en veut à lui-même d'avoir obéi à ses mauvaises inspirations et d'avoir fait le mal ; les reproches qu'il s'adresse auraient-ils leur raison d'être, s'il avait été fatalement entraîné au crime ? D'un autre côté c'est à lui-même que l'homme de bien rapporte ce bonheur qu'il trouve dans l'accomplissement du devoir. Cette satisfaction qu'il éprouve dans le calme de sa conscience aurait-elle sa raison d'être, s'il avait été entraîné au bien par une loi fatale ? Cette voix qui lui répète : tu as bien fait, se ferait-elle entendre s'il n'avait pas été libre de ses actes ?

Pourquoi en outre ces exhortations, ces prières qui nous sont journellement adressées pour nous déterminer

3.

à entreprendre telle chose plutôt que telle autre ? A quoi
serviraient les conseils et autres moyens de persuasion,
si nous ne jouissions pas de notre libre arbitre ? Que
signifieraient les promesses que l'on exige de nous, ces
serments que l'on nous fait prêter dans des circonstances importantes, si nous ne pouvions agir suivant notre
volonté ? Pourquoi nous engager à exécuter tel acte, si
une force supérieure nous prédestine à accomplir précisément l'acte opposé ?

Concluons donc que l'homme est libre et responsable
de ses actions. Le criminel doit s'en prendre à lui seul
des tourments que le mépris et l'aversion des hommes
lui font endurer; l'homme de bien ne doit qu'à lui seul
le bonheur dont il jouit ici-bas au milieu de l'estime et
de l'admiration de tous, en attendant qu'une félicité
plus parfaite encore récompense ses nobles efforts dans
un autre monde.

<hr>

28ᵐᵉ DISSERTATION

La volonté peut-elle être comparée à une balance qui penche du côté le plus lourd ?

Malgré l'attestation de notre conscience qui nous
affirme à nous-mêmes notre libre arbitre, malgré tous
les phénomènes par lesquels se manifeste la croyance
universelle des hommes à son existence, des philosophes
n'ont pas hésité à le mettre en doute.

L'homme, disent-ils, n'est pas libre de ses actes : avant d'accomplir une action, il examine les raisons qui le portent à agir et celles qui l'en détournent, et il se détermine fatalement en faveur de celles qui semblent s'accorder le mieux avec ses intérêts. Il se décide toujours pour ce qui lui semble le plus utile : sa volonté est comme une balance qui penche toujours du côté le plus lourd : les motifs entraînent fatalement sa détermination comme un poids entraîne fatalement le plateau d'une balance.

Mais d'abord, toutes nos actions supposent-elles nécessairement la discussion des motifs qui nous y portent ou nous en détournent? On ne peut nier qu'il y en ait plusieurs dont les conséquences nous échappent, que nous accomplissons sans motif arrêté et dont l'exécution ne saurait nous causer ni bien ni mal. Ne nous arrive-t-il pas, en effet, bien des fois, de prendre, en marchant, la droite du chemin, et, un instant après, de la quitter pour nous diriger vers la gauche? Il n'y a là, assurément, aucune raison qui nous entraîne à agir ainsi ; nous le faisons, parce que cela nous plaît : notre action résulte d'un caprice de la volonté, mais n'est déterminé par aucun motif. Il y a ainsi une foule d'actions indifférentes que nous accomplissons sans y penser, sans en avoir conscience. Or, ceux qui comparent l'âme à une balance ont-ils jamais vu le fléau d'une balance osciller de lui-même, par pur caprice, et sans qu'aucun poids ne soit placé dans ses plateaux?

Bien souvent, il est vrai, nous ne nous déterminons à agir, que parce que nous avons nos motifs pour le faire ; il est vrai aussi, que l'homme naturellement égoïste, obéit le plus souvent aux motifs qui semblent le mieux s'accorder avec ses avantages, et se résout ordinairement à ce qui lui paraît conforme à ses intérêts ; mais cette obéissance chez lui n'est pas fatale : s'il cède aux raisons qui le portent à agir, c'est qu'il le veut bien : par caprice, ou seulement pour montrer qu'il est libre de faire ce qui lui plaît, il pourrait se résoudre à agir précisément contre ses intérêts, et sa volonté pourrait pencher du côté le moins lourd.

Pour continuer la comparaison de l'âme avec une balance, la volonté devrait rester stationnaire lorsque deux motifs égaux la sollicitent, comme le fléau reste immobile lorsque deux poids égaux chargent les plateaux : or voyons-nous jamais un semblable effet se produire? Que ceux qui soutiennent cette doctrine interrogent leur conscience et ils seront forcés d'avouer, que jamais entre deux motifs égaux, la volonté ne reste fatalement stationnaire. Les philosophes qui s'obstinent à soutenir une pareille doctrine sont évidemment poussés par l'esprit de système : et on ne saurait raisonnablement admettre de pareilles comparaisons.

Avouons donc que les motifs qui, dans bien des cas, nous sollicitent à agir, n'entraînent pas nécessairement notre détermination. En même temps que nous accomplissons un acte, nous sentons que nous pourrions accomplir l'acte opposé. La croyance universelle, l'expérience de tous les jours sont là pour attester l'existence du libre arbitre, et on ne pourrait la nier, sans nier en même temps la légitimité de la conscience qui nous en donne le témoignage indiscutable.

29me DISSERTATION

Preuves de la liberté tirées de la Psychologie, de la Morale et de la Logique.

Suivant certains philosophes, l'homme n'est pas libre : une force supérieure et irrésistible le guide à travers la vie : une puissance mystérieuse dirige toutes les facultés de son âme, et ne lui laisse prendre aucune part à cette direction. Suivant la comparaison de Bayle, l'homme ressemble à une girouette animée qui serait persuadée de la liberté de ses mouvements, quoiqu'elle ne fît qu'obéir à l'impulsion du vent. — Et cependant, si nous avons recours à l'observation psychologique, si nous faisons appel à notre conscience, nous serons forcés de reconnaître en nous l'intime sentiment de notre liberté : nier la liberté, ce serait non seulement suspecter la légitimité de la conscience, ce serait encore renverser tout l'ordre moral ; ce serait méconnaître le pouvoir que nous avons sur notre intelligence, et accuser la logique d'inutilité.

Descendons donc en nous-mêmes, cherchons à connaître notre nature, et interrogeons la Psychologie, la science de l'âme. Si nous replions nos regards sur nous-mêmes, nous verrons aussi clairement que nous voyons les objets extérieurs, le fait de notre liberté. Il est environné de la plus parfaite évidence, et on ne saurait le nier de bonne foi. Notre conscience nous fait saisir dans

sa réalité vivante l'existence du libre arbitre, et nous ne
pouvons refuser de la constater sans nier l'évidence. Je
ne sais, par exemple, si je dois sortir ou rester chez moi.
Si je sors, je suis pleinement convaincu que je pouvais
me décider à rester ; si je reste, j'ai l'intime persuasion
qu'il dépendait de moi de sortir. Ainsi la liberté nous
apparaît pleine et entière, quand exempt de tout préjugé
de parti pris, nous interrogeons notre conscience, nous
replions nos regards sur nous-mêmes. L'observation
bien employée suffit donc à résoudre la question ; l'essentiel est de bien discerner en laquelle des formes de
notre activité réside la liberté : ce n'est ni dans les mouvements irréfléchis de l'instinct ou de l'habitude, ni
dans les entraînements de la passion, ni dans les sollici-
tations du désir que la liberté réside : ce qui est libre en
nous, c'est la volonté.

D'ailleurs, comment pourrions-nous expliquer, sans
la liberté, les jugements moraux que nous portons sur
nos actions, ou les sentiments qui naissent dans nos
cœurs à la vue des actes d'autrui ? Si nous n'avons pas
la libre direction de notre conduite, ne sommes-nous pas
insensés d'admirer l'homme de bien, et de mépriser
le coupable ? Si le libre arbitre n'existe pas, la justice
qui condamne à mort l'assassin est la plus manifeste des
injustices, et le meurtrier pourra avec raison réclamer
l'impunité puisqu'il a été conduit fatalement à commettre
le crime qu'on veut lui faire expier. La négation de la
liberté entraîne donc celle de tout l'ordre moral : nous
sommes libres, et nous en trouvons une preuve certaine
dans ces pénibles émotions, dans ces remords qui torturent l'âme du criminel, aussi bien que dans ces douces et

pures joies qui remplissent le cœur de l'homme vertueux.

Et enfin, si l'âme n'a pas sur l'une de ses puissances,
un plein et entier empire elle ne l'aura pas sur l'autre:
Si elle ne possède pas la direction de ses facultés acti-
ves, elle ne pourra assujettir à certaines règles ses facultés intellectuelles. Car ce n'est que par abstraction
qu'on distingue dans l'âme différents pouvoirs. Si la liberté ne lui pas été donnée, elle ne pourra pas plus
conduire son intelligence que gouverner sa volonté ; à
quoi servira donc la logique, qui prétend nous enseigner
par quelles voies nous devons mener notre raison pour
arriver à la découverte de la vérité ? — Si notre intelligence n'est pas à notre service, si elle échappe à notre
direction, si elle n'obéit qu'à une force supérieure qui la
conduit fatalement à la connaissance de telle ou telle
vérité, la science qui prétend nous fournir les moyens
de guider notre intelligence devient la plus vaine des
abstractions. Mais, est-ce ainsi que l'entendait Descartes,
quand il proclamait l'excellence de la méthode ? — Est-
ainsi que l'entendaient ces illustres solitaires de Port
Royal, quand ils enseignaient l'*art de penser* ? Les plus
grands génies n'ont cru devoir les merveilleux résultats
auxquels ils sont arrivés, qu'à la direction qu'ils ont su
donner à leur intelligence. Sans doute, dans l'acte intellectuel, il y a une part à faire à la fatalité ; sans doute
nous ne pouvons faire la vérité ; elle s'impose à nous.
Mais à côté de la fatalité, il y a aussi quelque chose qui
dépend de nous, c'est la volonté d'étudier ceci ou cela,
d'appliquer notre intelligence à une chose plutôt qu'à une
autre, et cette volonté suppose nécessairement la liberté.

La liberté, voilà donc ce que nous atteste notre conscience, voilà la source de la dignité humaine, de nos grandeurs et de nos faiblesses, de nos vertus et de nos vices. Voilà le principe de la science des uns et de l'ignorance des autres ; la liberté !... (c'est ce que les bergers et les laboureurs chantent sur leurs montagnes... ce que les magistrats croient dans leurs conseils... ce que nul homme sensé ne peut révoquer en doute sérieusement) « Fénelon. »

30ᵐᵉ DISSERTATION

Réfutation de l'objection contre le libre arbitre tirée de la prescience de Dieu

En vain notre conscience nous atteste l'existence du libre arbitre, en vain le raisonnement confirme son témoignage : quelques philosophes n'ont pas hésité à nier la liberté morale. L'un de leurs arguments les plus sérieux est celui qu'ils appuient sur la *prescience de Dieu.*

Dieu, disent-ils, prévoit tout ; la croyance universelle des hommes est là pour le prouver. Tous les peuples ont eu leurs prophètes : Tous ont cru que Dieu, en de certaines circonstances pouvait soulever, aux yeux de quelques hommes privilégiés, un coin du voile de l'avenir. A Rome, à Athènes, dans ces antiques cités, foyers de science et de civilisation, les augures, les oracles étaient

en grand respect. Tous les hommes croient donc, conti-
nuent les partisans du fatalisme, que Dieu prévoit toute
chose, qu'il sait d'avance tout ce qui arrivera ; et ce
dogme universellement reconnu de la prescience divine
est incompatible avec l'existence du libre arbitre.

Tel est l'exposé de leur doctrine. Mais tout leur système, comme l'ont remarqué Bergier et Voltaire, pèche
par la base. Qu'entendent-ils en effet par ce mot *prescience* sur lequel ils l'appuient? Ils entendent la connaissance anticipée de ce qui doit se produire, et en disant
que Dieu prévoit toute chose, ils affirment par là que
Dieu connaît toute chose d'avance. Ils prêtent donc à
Dieu, un passé, un présent, un avenir ; ils assimilent son
existence infinie à notre vie bornée ; ils nient enfin son
éternité. — Mais Dieu étant éternel, il n'y a pour lui ni
passé, ni avenir ; il n'y a que le présent, il ne *prévoit*
point, il *voit*. La connaissance des faits à venir est pour
lui une vision pure, une intuition immédiate : il contemple éternellement toutes les actions humaines ; or en quoi
cette contemplation, cette vision immédiate peut-elle influer sur les choses qu'elle atteint? — Il y a, je suppose,
devant moi, une personne qui observe toutes mes actions;
en quoi cette observation continuelle nuit-elle à ma liberté d'agir? Sa présence peut, il est vrai, me gêner, et
je peux dans la crainte d'encourir ses reproches ou ses
châtiments, m'abstenir de certains actes que sans cette
contemplation assidue j'aurais pu accomplir ; mais si je
suis gêné dans l'accomplissement de quelques actions, je
ne suis pas poussé vers d'autres par une force irrésistible,
cette surveillance continuelle ne m'entraîne pas fatalement à faire telle chose plutôt que telle autre, et je jouis

pleinement de mon libre arbitre. La meilleure preuve que cette surveillance n'entrave en rien la liberté de nos actes, c'est que, bien que sachant que Dieu nous regarde, nous n'en commettons pas moins de mal.

Concluons donc que la prescience de Dieu, telle que l'ont entendue les fatalistes, a été prise dans un sens impropre ; que Dieu voit tout de toute éternité, mais que cette vision continuelle ne nuit en rien à notre liberté. Nous pouvons donc sans hésiter croire à cette liberté que la conscience nous atteste et que le raisonnement nous prouve.

31me DISSERTATION

Réfutation du Matérialisme.

Des diverses questions qui ont le plus vivement préoccupé l'homme à toutes les époques, il faut placer au premier rang celle de la nature de l'âme. Comment, en effet, ne pas être curieux de savoir quel est en nous ce principe qui veut, qui sent, pense et raisonne ? Cette faculté, qui produit la pensée, est-elle divisible, palpable, étendue ? a-t-elle, en un mot, les propriétés de la matière, ou bien est-elle entièrement immatérielle ? Si la plupart des hommes, s'appuyant sur le témoignage de leur conscience, croient à l'existence d'une force spirituelle et pensante, distincte de la matière, indestructible et im-

mortelle, il en est d'autres qui n'ont pas hésité à mettre
en doute la spiritualité de l'âme et à l'assimiler au corps.
Une pareille doctrine est insoutenable, et nous allons
essayer de le démontrer en réfutant un à un les divers
arguments sur lesquels elle s'appuie.

La substance, qui produit en nous la pensée, par-
ticipe, affirment les matérialistes, à tous les changements
que le corps éprouve ; faible, quand le corps est débile,
elle est pleine de force quand le corps jouit de toute sa
vigueur : *mens sana in corpore sano*, disait le poète
latin. Lorsque rien n'entrave le jeu de nos organes,
notre pensée est claire, vive ; si nos organes sont en-
gourdis ou affaiblis, elle reste inerte et languissante.
Elle n'a donc point sa source dans un principe immatériel distinct du corps, mais elle émane du corps même.
A cette première objection, on peut répondre que l'état
de la substance pensante n'est pas toujours en rapport
direct avec celui de notre corps : une âme forte et éner-
gique peut animer un corps débile ; une âme sans force
peut résider en un corps vigoureux. Qu'il nous suffise
de citer comme exemples le fameux Pic de la Miran-
dole, offrant dès sa plus tendre jeunesse, et malgré une
constitution maladive, de soutenir une thèse *de omni
re scibili*, et Voltaire jouissant encore dans un âge
avancé de la plénitude de ses facultés. Le principe pensant est donc distinct du corps et ne saurait être con-
fondu avec lui. Il ne se développe pas toujours en même
temps que les forces corporelles et ne décroît pas avec
elles ; mais quelquefois par un caprice de la nature, il
est encore dans toute son énergie quand l'organisation
est déjà épuisée.

Se rangeant à l'opinion de Locke, les matérialistes présentent cette autre objection : il n'y a aucune limite à la puissance de Dieu ; il aurait donc pu faire les corps pensants ; et du reste, nous ne connaissons pas toutes les propriétés de la matière ; qui sait si l'électricité, le magnétisme, qui se développent en elle, ne sont pas de même nature que le principe d'où émane notre pensée ?

Mais Dieu ne peut faire ce qui est contradictoire. La pensée qui échappe entièrement à nos sens, ne peut donc sortir de la matière qui tombe sous nos sens. L'objection parle de l'électricité, du magnétisme ? Bien que nous ne connaissions pas la nature même de ces fluides, nous en connaissons au moins les causes et les effets. Nous savons que l'électricité, par exemple, se développe par le frottement. Nous en percevons les effets lumineux ou mécaniques. Mais le principe pensant qui est en nous produit-il jamais rien de semblable ? La pensée qui en émane donne-t-elle de la chaleur ou de la lumière ? Il serait donc absurde d'assimiler le principe pensant à un fluide électrique ou magnétique.

Selon d'autres matérialistes, la pensée est une sécrétion du cerveau. Le cerveau digère les impressions qu'il reçoit et les transforme en idées, comme l'estomac digère les aliments. — Cette hypothèse ne mérite pas d'être sérieusement discutée.

En effet, nos organes physiques ne peuvent rendre que ce qu'ils reçoivent. La nourriture qui est absorbée par notre estomac, se trouve désagrégée et décomposée en ses divers éléments ; mais ces éléments se retrouvent dans le sang, dans les muscles qu'ils ont contribué à former. Il n'en est certainement pas ainsi dans

la formation de nos idées. En effet, lorsqu'à la suite
de la perception d'un son, par exemple, une idée se
forme, une émotion survient, ne retrouvons-nous dans
la pensée ou l'émotion produites que les éléments reçus
par le cerveau, c'est-à-dire des vibrations ? — Évidemment non. La pensée qui a pris naissance à l'occasion
de l'impression cérébrale, ne conserve aucun vestige
du fait physique qui l'a provoquée. Elle émane donc
d'un principe·immatériel comme elle, en un mot, de
l'âme.

Les matérialistes prétendent encore que l'âme est la
résultante des fonctions du corps : que la pensée se
dégage du corps dès que nos divers organes entrent en
jeu, comme l'harmonie s'échappe de la lyre dès que les
diverses pièces en ont été bien ajustées, et que les cor-
des entrent en vibration.

Mais c'est être dupe d'une métaphore que d'assimiler l'âme à l'harmonie : un principe pensant avec quelque chose incapable de connaître.

Concluons donc qu'il y a en nous une substance immatérielle distincte de notre corps. Nous le savons, la
conscience nous l'atteste, et nous ne pourrions nous résoudre à admettre cette désolante doctrine, qui confond
l'âme avec le corps, et nous enlève tout espoir d'une vie
future. Ne voir dans l'homme que la matière, c'est ne
voir dans une belle statue que le marbre ou l'argile dont
elle est formée ; c'est nier l'expression qui l'anime ; c'est
nier l'idéal rêvé et réalisé par l'artiste.

32me DISSERTATION

De l'immortalité de l'âme

> Non omnis moriar, multaque pars mei
> Vitabit Libitinam . . . .
>
> HORACE. — *Odes.*

Il est un fait que la conscience nous affirme et qui ne peut être contesté que par esprit de système : c'est la distinction de l'âme et du corps. L'âme diffère essentiellement du corps par sa nature. La philosophie moderne ne peut expliquer le mystère de leur union et de leur action réciproque; mais ce qu'elle ne peut méconnaître, ce sont les différences profondes qui distinguent de notre corps le principe pensant qui est en nous. Dès lors, pourquoi ce principe subirait-il les mêmes lois que nos organes physiques ! — Pourquoi serait-il condamné comme eux à se décomposer et à se désagréger, lui qui ne se compose ni de parties, ni d'éléments ?

Nous trouvons du reste en nous-mêmes une preuve indiscutable de l'immortalité de l'âme. Nous sommes tourmentés de désirs que nous ne pouvons jamais réaliser, notre vie se consume en stériles efforts pour contempler le beau, pour connaître le vrai, pour pratiquer le bien. Plus nous cherchons à connaître, plus nous sommes effrayés de ce que nous ignorons encore; plus l'idéal se dégage à nos yeux, plus notre esprit se sent

impuissant à l'atteindre. Serions-nous donc pourvus
d'instincts destinés à demeurer éternellement inassou-
vis? — Si nous regardons autour de nous dans le monde
où nous vivons, nous voyons tous les animaux agir sans
effort et sans peine conformément à leurs inclinations
respectives. La nature ne les a doués d'instincts particuliers, qu'en leur donnant les moyens de les satisfaire.
L'homme seul ne pourrait atteindre le but auquel il aspire! Lui qui se donne le titre de roi de la création, il
serait donc le plus imparfait de tous les êtres !...

Il faut donc qu'il y ait une autre vie, où nous puissions
contempler dans toute sa splendeur le beau idéal que
nous rêvons ; où nous puissions connaître la vérité que
nous cherchons ici-bas sans la trouver, et jouir enfin du
bonheur auquel nous aspirons sans l'atteindre.

D'ailleurs, si l'âme meurt avec le corps, comment concilier le désordre moral que nous remarquons parfois
ici-bas avec la justice de Dieu et l'ordre parfait qui règne
dans son œuvre ?

Si nous considérons la création dans son ensemble
comme dans ses détails, quel ordre nous pouvons y admirer ! quel merveilleux spectacle nous offre l'univers,
quelle imposante régularité, quelle harmonie dans toutes
ses parties !.. dans notre monde seul nous constatons
parfois que le désordre existe... L'idée du bien est unie
dans notre esprit à celle de récompense : l'idée du mal
entraîne fatalement celle du châtiment. Or ces idées que
notre raison conçoit comme conséquences l'une de l'autre, se réalisent-elles sur la terre? Ne voyons-nous pas
souvent la vertu opprimée et le vice triomphant? Comment expliquer le bonheur des uns et les humiliations

des autres, si l'on n'admet une autre vie où les méchants subiront leur châtiment, et où les bons recevront enfin leur récompense ? — (Quand je n'aurais, dit J.-J. Rousseau, d'autre preuve de l'immortalité de l'âme que le triomphe du méchant et l'oppression du juste, cela seul m'empêcherait d'en douter......).

Ainsi l'âme survit à notre corps ; elle lui survit avec le souvenir du passé, avec la conscience de sa propre existence ; et dans cette vie nouvelle où elle est destinée à entrer, la justice de Dieu rétablira l'ordre et l'équilibre : cette vie se passera donc pour les uns dans la contemplation du beau, dans l'intuition du vrai, et pour d'autres, dans la privation de cette suprême jouissance... Que tous nos efforts tendent donc à mériter le bonheur en cette vie, pour en jouir éternellement dans l'autre. Rappelons-nous ce beau vers d'un de nos plus grands poètes :

La vie est un combat dont la palme est aux cieux.

LOGIQUE

33ᵐᵉ DISSERTATION

La logique présuppose la psychologie

Dans toute science, la théorie doit précéder la pratique : la connaissance spéculative d'une science en précède nécessairement l'application. Le mathématicien doit connaître les règles du calcul avant de l'appliquer aux solutions des divers problèmes ; le physicien doit connaître le jeu des instruments dont il dispose avant de s'en servir pour ses expériences; de même, la logique qui a pour but de diriger les puissances de l'âme dans la recherche du vrai, suppose la connaissance préalable de ces facultés.

Il est vrai qu'il y a dans la logique une partie théorique qui a pour objet de déterminer les lois de l'entendement, avant d'en faire application. Mais on ne pourrait établir les règles suivant lesquelles s'effectue la connaissance, sans étudier l'entendement lui-même. Cette partie de la logique a donc la psychologie connue auxiliaire indispensable. Vouloir l'en séparer, vouloir déterminer

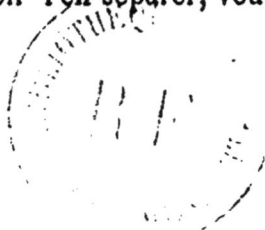

4

les lois de l'intelligence, sans avoir recours à l'étude des facultés intellectuelles elles-mêmes, ce serait abandonner une méthode sûre pour marcher au hasard, ce serait rejeter l'observation des faits, pour se perdre dans les hypothèses. En isolant complètement la logique de la psychologie, en enseignant la science du raisonnement sans tenir compte de la nature même de notre intelligence, on pourra, il est vrai, former des hommes sachant parfaitement tirer des déductions d'un principe, mais incapables de trouver de vrais principes par eux-mêmes. A quoi servirait donc une science, qui apprendrait à tirer des conséquences d'un principe quelconque, sans donner les moyens de reconnaître si ce principe est vrai ou faux ? La plupart des erreurs des hommes consistent non dans de mauvaises conséquences, mais dans de faux jugements, et viennent bien plus de ce qu'ils raisonnent sur de faux principes, que de ce qu'ils raisonnent mal suivant leurs principes. Il ne suffit donc pas de savoir bien raisonner, mais il faut avant tout bien juger ; or la condition essentielle d'un jugement droit, c'est l'étude de nous-mêmes. Car il y a dans la constitution même de notre entendement des lois nombreuses dont toute bonne logique doit tenir compte, ce qu'elle ne saurait faire sans l'étude préalable de l'esprit humain. Tantôt faute de connaître le rôle d'une faculté, nous l'employons hors de la sphère qui lui est propre, nous l'appliquons à l'étude de faits qui ne sont pas de son domaine. Tantôt, faute d'apprécier l'influence que la sensibilité exerce sur nos jugements, nous laissons l'esprit devenir dupe du cœur, et ce n'est qu'en faisant précéder l'étude de la logique de celle de la psychologie que nous pourrons éviter ces causes d'erreur, qui ont leur source dans notre nature même.

L'histoire de la philosophie montre du reste à quelles divagations l'esprit s'est livré en négligeant de s'étudier lui-même. Locke le premier, en voyant la diversité des opinions soutenues sur un même sujet, fit cette réflexion, qu'avant toute discussion et toute recherche sur un sujet quelconque, l'esprit humain devait s'attacher à connaître ses facultés, afin d'en apprécier l'étendue et les limites, et que la psychologie devait être le point de départ de la philosophie. C'est en suivant cette sage méthode que Reid et Kant ont enfin déterminé les vraies lois de la connaissance, et ont ainsi assuré les progrès de la philosophie.

34ᵐᵉ DISSERTATION

Ce n'est pas assez d'avoir l'esprit bon : le principal est de l'appliquer bien (Descartes).

L'homme a été doué de facultés précieuses : mais pour qu'elles ne deviennent pas un don stérile, il faut qu'il sache en régler l'usage. S'il ne sait les diriger, il ne pourra découvrir la vérité qu'au prix de travaux incessants et de fatigues excessives, et souvent même ses recherches et ses peines resteront sans résultat. Si brillante que soit notre intelligence, nous ne pourrons en

tirer aucun profit, si nous ne savons nous en servir.
« Ce n'est pas assez, disait Descartes, d'avoir l'esprit
bon, le principal est de l'appliquer bien » — Et ce grand
philosophe joignant l'exemple au précepte, a renouvelé
la science philosophique en assujettissant toujours son
esprit aux règles de la méthode.

En effet c'est la méthode seule qui nous permet d'utiliser nos facultés. Un homme d'un esprit médiocre
pourra s'il sait bien le diriger, dépasser un homme
d'une intelligence puissante, mais mal gouvernée. Sans
la méthode, nos facultés demeureraient stériles et deviendraient même dangereuses, car si nous sommes
dans l'erreur, plus notre intelligence est vive, plus sa
marche est rapide, plus nous avançons dans cette mauvaise voie. Comme le disait Bacon, si un boiteux et un
coureur, poursuivant tous deux le même but, sont, l'un
dans le chemin qui y conduit, et l'autre dans celui qui
s'en écarte, il est évident que le boiteux arrivera avant
le coureur; et même si celui-ci tourne le dos au but pro-
posé, plus il ira vite, plus il s'en éloignera. Il en est ainsi
de notre esprit. Que l'on présente un même problème à
un homme peu intelligent, mais connaissant la marche à
suivre pour arriver à la solution, et à un homme de génie complètement étranger à la science des nombres ; ce
dernier passera des journées entières avant de pouvoir
le résoudre, tandis que le premier y parviendra en quelques minutes grâce aux règles de la méthode et du calcul. La méthode est à l'esprit ce que le levier est à la
force physique : l'homme le plus vigoureux essaiera
vainement de soulever un fardeau pesant, s'il n'emploie
que ses propres forces, tandis qu'un enfant, aidé d'un

levier, pourra déplacer le même poids sans fatigue et sans effort.

Sans doute la méthode n'est pas le principe de notre intelligence ; mais elle est la condition de son exercice, il est évident qu'une intelligence supérieure et guidée par la méthode, devancera un esprit ordinaire si bien dirigé qu'il soit. De même un homme armé d'un levier soulèvera des fardeaux plus pesants que ne le ferait un enfant à l'aide du même instrument ; mais sans la méthode, un esprit supérieur se fatiguerait en vain : jamais il ne pourrait surpasser un esprit médiocre, mais bien dirigé.

35ᵐᵉ DISSERTATION

De la vérité, de l'évidence et de la certitude.

Il n'est pas une des perceptions de nos sens ou de notre conscience qui ne soit suivie d'un jugement. Nous ne pouvons éprouver une sensation sans affirmer la réalité de ce fait. Nous ne pouvons penser sans affirmer implicitement la réalité de nos pensées. Enfin toutes nos connaissances, qu'elles soient un produit de l'exercice des sens, de la conscience, ou de la raison, sont suivies d'un jugement. Lorsque ce jugement est conforme à la réalité de son objet, il y a alors vérité dans l'affirmation de l'esprit.

4.

La vérité est donc, comme l'a définie St Thomas, l'équation de l'entendement et de la chose : *æquatio intellectûs et rei.* Le vrai a une réalité objective : il a son existence en dehors de nous. Lorsque le vrai se manifeste à l'intelligence, lorsqu'elle en saisit la réalité, qu'elle en perçoit clairement l'existence, elle s'affirme à elle-même la manière d'être de l'objet de son étude, et son affirmation devient vraie par sa conformité avec le vrai. Mais lorsque l'esprit s'empresse de prononcer son jugement avant d'avoir distinctement aperçu le vrai, il court grand risque de se tromper dans son appréciation, et s'il lui arrive de rencontrer la vérité, c'est au hasard seul qu'il en est redevable.

Il faut donc que la vérité apparaisse clairement à l'intelligence, pour que celle-ci puisse la connaître ; or ce caractère qui permet à l'intelligence de la contempler dans tout son éclat, c'est l'évidence. Il ne suffit pas que le vrai existe en dehors de nous, il faut que notre esprit puisse l'apercevoir. Nous ne connaissons pas le vrai par cela seul qu'il existe ; il faut pour que nous en ayons la notion, qu'il se manifeste à notre intelligence, et c'est l'évidence qui, en faisant sortir le vrai de l'obscurité qui l'entoure, en le mettant en pleine lumière, permet à notre esprit de le contempler, comme un rayon de soleil fait apparaître à nos yeux des choses dont nous ne soupçonnions même pas l'existence, au milieu de l'obscurité. Et ce n'est point comme Ficht l'a prétendu, l'intelligence qui projette sa lumière sur les réalités pour les apercevoir ; ce sont les objets eux-mêmes qui tirent leur évidence de leur caractère de vérité ; la lumière est en eux, ils ne la reçoivent point de l'intelligence ; tout le rôle de celle-ci se borne à chercher la position la plus favorable pour recevoir la lumière qui sort des objets. Tantôt un simple coup d'œil suffit à l'esprit pour apercevoir le vrai dans toute son évidence, tantôt la vérité ne paraît qu'après un travail plus ou moins long ; mais que l'évidence arrive directement ou par détours jusqu'à l'esprit, une fois qu'elle s'est montrée à lui, elle y fait naître aussitôt la certitude.

L'évidence, ou l'éclat dont brille la vérité est donc le principe de la certitude, ou croyance ferme de l'esprit à la vérité ; l'évidence est donc dans les objets, elle a une réalité objective, tandis que la certitude est dans l'intelligence. Une fois que l'évidence a paru dans les objets, la certitude naît immédiatement dans l'esprit. Il affirme avec une pleine et entière conviction la réalité des objets de ses connaissances. Des philosophes ont cherché à la certitude un autre fondement ; ils ont appuyé la certitude, soit sur la révélation, soit sur la véracité divine, soit sur la croyance universelle, mais toutes ces doctrines supposent elles-mêmes l'évidence : c'est en effet par l'évidence que nous pouvons apprécier la valeur de la véracité divine, de la révélation et de la croyance universelle.

Ainsi en résumé, la vérité se révèle donc à notre esprit par l'évidence, l'évidence fait naître la certitude, et dès lors l'esprit en possession de la certitude se repose avec sécurité dans son jugement que rien ne peut ébranler.

36ᵐᵉ DISSERTATION

De la certitude. Ses caractères. Quelles facultés nous peuvent la donner.

Parmi les choses qui s'offrent à l'esprit, les unes se présentent à lui, entourées d'une obscurité qui ne lui permet ni de nier ni d'affirmer leur réalité ; il reste en suspens entre ces deux jugements contradictoires : *il doute.* D'autres s'offrent à lui dans une sorte de demi-jour qui lui permet de les entrevoir : il soupçonne forte-ment leur présence, et la considère comme *probable.* D'autres enfin apparaissent environnés de la plus vive lumière, et l'esprit affirme dès lors leur manière d'être sans la moindre hésitation ; cet état de l'esprit, c'est la *certitude.*

La certitude est donc l'adhésion ferme et inébranla-ble de l'esprit à la vérité. Reste-t-il en lui le moindre doute ? La certitude n'est pas encore, elle ne commence que lorsque l'évidence paraît. Ce qui constitue la certi-tude, c'est la pleine assurance de percevoir actuelle-ment, de connaître et de posséder le vrai. Quelquefois, cette assurance peut être trompeuse, l'esprit peut avoir pris pour évidence ce qui n'était qu'apparence ; le juge-ment qu'il porte est alors entaché d'*erreur.*

Cette fausse certitude cesse tôt ou tard, et l'esprit sort enfin de la dangereuse sécurité dans laquelle il se reposait, tandis que le caractère essentiel de la vraie certitude, c'est la fixité et la permanence ; elle ne cesse point à un moment pour reparaître à un autre : elle demeure sans cesse dans l'esprit, et ne subit ni modification, ni interruption. Elle n'est pas plus forte un jour, et plus faible un autre ; elle n'admet pas de degrés, et reste toujours semblable à elle-même. Considérée en général comme conviction de l'esprit, la certitude n'offre que ce caractère. Elle peut en présenter d'autres, si l'on se place au point de vue des objets auxquels elle se rapporte. Ainsi la conviction qui repose sur les notions venant de la raison, est une certitude absolue, puisque l'objet sur lequel elle porte n'est soumis dans son existence à aucune condition, et qu'il est immuable et nécessaire. Celle au contraire qui a pour objet les phénomènes contingents, n'est qu'une certitude relative.

Cette distinction indique déjà que diverses facultés peuvent nous donner la certitude. Les facultés qui nous mettent en relation avec le contingent et le relatif, produisent en nous la certitude de fait. Celle qui nous met en rapport avec l'absolu, le nécessaire, la *raison*, enfin, nous donne la certitude de droit. Aux facultés expérimentales, *conscience* et *perception des sens*, auxquelles nous devons la certitude relative, il faut ajouter la *mémoire*, cette conscience du passé. L'*imagination* ne saurait produire en nous la certitude. Les folles visions qu'elle enfante, sont, il est vrai, quelquefois assez vives pour prendre la place des réalités, mais le temps et la raison finissent par dissiper les croyances qu'elle fait naître. Quant au *jugement*, comme son rôle ne consiste pas à nous faire acquérir des connaissances, mais à rapprocher et combiner les données qui nous sont fournies par les autres facultés, il est moins le principe que la condition de la certitude.

Telles sont les facultés qui permettent à l'esprit d'acquérir la certitude. En vain le scepticisme en nie la possibilité ; en vain un dogmatisme non moins insensé affirme que nulle vérité n'est indubitable, si elle n'est admise par tout le genre humain. Dès qu'a paru l'évidence, quand même l'objet de notre connaissance serait entièrement ignoré des autres hommes, la certitude naît dans notre esprit, qui se repose dans son jugement avec une sécurité que les fausses doctrines essayent en vain d'ébranler.

37ᵐᵉ DISSERTATION

Le consentement universel des hommes peut-il être regardé comme le fondement de la certitude ?

Quelques philosophes, entr'autres M. de Lamennais dans son essai sur l'*indifférence en matière de religion*, ont regardé le consentement universel comme l'unique fondement de la certitude. Une opinion que l'on retrouve chez tous les hommes, est, disent-ils, l'œuvre de la nature dans l'intelligence humaine, et elle a un caractère complet de certitude. — Sans doute une croyance qui obtient l'assentiment de tous les hommes, a beaucoup de chances d'être vraie, mais il arrive quelquefois qu'elle soit fausse ; une opinion n'est pas nécessairement vraie, par ce motif qu'elle est partout acceptée. On a vu régner sur la terre des préjugés universels ; on a vu des erreurs généralement répandues subsister pendant très longtemps. Qui ne sait en effet, qu'autrefois tous les peuples croyaient à l'immobilité de la terre, et considéraient notre globe comme le centre autour duquel s'effectuaient les révolutions des astres, et la rotation de la voûte céleste ? Les travaux de la science moderne ont montré la fausseté de cette opinion : Ainsi, bien que Cicéron ait dit : (*In omni re consensio omnium gentium lex naturæ putanda est*,) une croyance peut être répandue chez tous les peuples, et pourtant n'être pas conforme à la réalité, et le consentement universel ne saurait donner à cette croyance un caractère nécessaire de vérité.

De plus la doctrine de ces philosophes qui placent à la base de la certitude le consentement universel, et non l'évidence, est une grossière pétition de principes. Ils sont obligés d'admettre ce qu'ils veulent rejeter, et de s'appuyer sur l'évidence qu'ils combattent, pour apprécier la valeur du consentement universel : c'est en effet l'évidence seule qui permet de voir que dans certains cas, le témoignage de tous les peuples est l'expression de la vérité. Ce fait qu'une opinion généralement reçue est, dans la plupart des cas, conforme au vrai, n'est aperçu par notre esprit que parce que l'évidence projette sur lui sa lumière; si l'évidence ne l'éclairait, il nous serait tout aussi inconnu que le sont, pour un ignorant, les faits dont la science seule a la connaissance.

Ainsi, quel que soit le fondement que l'on assigne à la

certitude, on est toujours obligé de revenir à l'évidence; 'évidence seule, voilà le vrai principe de la certitude. Sans doute il y a des dogmes en faveur desquels on est heureux de pouvoir invoquer l'autorité du consentement universel; mais ceux qui mettent à la base de la certitude, le consentement universel exclusivement, exagèrent son importance, et ne s'aperçoivent pas qu'il leur faut toujours recourir à l'évidence pour en apprécier la valeur.

38ᵐᵉ DISSERTATION

Des erreurs qui ont leur origine dans le langage et des moyens d'y remédier.

Malgré tous les services que le langage rend à l'esprit humain, en lui permettant de former sans fatigue les idées générales et les idées abstraites, et de poursuivre la série de ses raisonnements en précisant ses pensées, en leur prêtant en quelque sorte une forme, il n'en a pas moins ses inconvénients. Plusieurs des signes dont il se compose sont loin d'avoir une signification claire et déterminée ; bien des termes peuvent être entendus de différentes façons, bien des constructions prêtent à l'équivoque ; et de cette imperfection du langage naissent une foule d'erreurs.

Par suite d'une longue habitude, nous transmettons

nos pensées à nos semblables et nous comprenons les leurs avec une grande promptitude, le signe éveille immédiatement en nous l'idée qu'il représente, et nous n'avons plus besoin d'entreprendre ce long travail que nous avons d'abord accompli, pour savoir quelle idée était exprimée par tel son, quelle pensée se cachait sous tel terme. Mais par suite de cette promptitude, nous considérons moins les pensées que les mots ; de l'arrangement de ceux-ci, résulte, pour nous, la succession des pensées ; par les rapports qu'ils ont entre eux, nous jugeons des liaisons que les idées peuvent avoir entre-elles. Par suite, si les termes sont ambigus, si les constructions sont embarrassées, il résultera de la confusion dans les pensées, et de graves erreurs pourront s'en suivre. Notre méprise s'étend des mots aux pensées et nous prêtons ainsi à ceux dont nous entendons les paroles, des idées tout autres de celles qu'ils ont. C'est ainsi que quelques ouvrages de Fénelon, malgré toute la pureté de leur morale, furent soupçonnés d'hérésie par Bossuet, et condamnés par le pape. De quelques expressions, la méprise s'était étendue aux pensées, et l'on prêta ainsi à Fénelon des idées qu'il n'eut pas. Toutes les fois que nous n'avons en vue que les mots sans nous occuper du sens qu'ils renferment, nous courons grand risque de nous tromper. Les syllogismes, si convaincants dans leurs conclusions lorsqu'on opère sur des pensées et non sur des mots, ne doivent inspirer aucune confiance, dès que le mots deviennent une sorte de mécanisme, que l'on fait mouvoir sans s'occuper si les pensées qu'ils expriment se conviennent ou s'excluent.

Ainsi l'obscurité, l'ambiguité des termes, voilà la prin-

7

cipale cause des erreurs du langage. Il conviendra donc
pour y porter remède de remplacer les termes équivo-
ques par des expressions claires et précises. Lorsque nous
parlons ou que nous écrivons, exprimons-nous clairement pour éviter les erreurs qui pourraient se produire
sur le sens des mots. Lorsque nous lisons les écrits d'une
autre personne, ou que nous l'entendons parler, ne
prenons ses expressions que dans le sens le plus généralement accepté ; ne nous attachons pas aux mots, mais
tâchons de deviner la pensée sous le voile qui la re-
couvre, et surtout faisons attention et évitons la précipitation et la légèreté. C'est ainsi que nous distingue-
rons la pensée véritable d'avec la pensée apparente, et
que nous découvrirons la mauvaise foi de ceux qui se
servent à dessein de l'équivoque ou de l'ambiguité.

39ᵐᵉ DISSERTATION

Principales causes d'erreurs d'après la Logique de Port-Royal.

Peu de philosophes ont indiqué aussi nettement
qu'Arnauld et Nicole, dans leur *Logique de Port-Royal*,
les principales causes de nos erreurs. Aussi dans leur
ouvrage, si spirituellememont écrit et si profondément
étudié, du reste, dans toutes ses parties, distingue-t-on
surtout le chapitre où ils traitent cette question.

. Selon les auteurs de Port-Royal, les causes de nos erreurs peuvent se diviser en deux groupes bien distincts : celles qui sont en nous, et celles qui sont en dehors de nous, qui proviennent des objets eux-mêmes. Parmi les causes purement intérieures qui altèrent notre justesse d'appréciation, Port-Royal cite surtout l'amour-propre, l'intérêt, l'esprit de parti, la passion, enfin les inclinations du cœur sous toutes leurs formes. Les hommes voient ordinairement les choses sous le point de vue qui convient le mieux à leurs intérêts ; les passions leur font considérer les objets sous l'aspect qui leur est le plus favorable ; et si l'esprit proteste d'abord en secret contre le jugement qu'on lui fait porter, il ne tarde pas à croire ensuite réellement ce qu'il affirmait primitivement avec défiance, et à voir les choses, non telles qu'elles sont, mais telles que nous voulons qu'elles soient. Rien de commun comme les faux jugements qu'inspire l'amour-propre. Tout homme a une assez forte dose d'estime pour lui-même et une haute idée de son mérite : aussi érige-t-il d'abord son infaillibilité en principe dans ce plaisant raisonnement : « *Si cela était, je ne serais pas un habile homme ; or je suis un habile homme, donc cela n'est pas.* »

Mais à côté de l'estime que nous avons pour nous-mêmes, il y a dans notre cœur beaucoup de dédain pour tout ce qui n'est pas nous, et nous n'hésitons pas à attaquer les idées des autres, si bonnes qu'elles soient, par ce seul motif qu'elles ne viennent pas de nous. Nous ne voyons pas sans dépit les autres apprécier mieux les choses, et un secret sentiment de la jalousie nous pousse à suspecter l'exactitude de leurs opinions. Aussi, l'*art de penser* nous conseille d'éviter autant que possible, même lorsque nous émettons une idée vraie, d'éveiller la jalousie de ceux à qui nous parlons. Il blâme ces auteurs, et surtout Montaigne, qui ne parlent que d'eux-mêmes, et nous portent ainsi à dédaigner les meilleures choses qu'ils puissent dire.

A côté de ceux qui, par envie, sont toujours prêts à contredire les autres, Port-Royal dépeint ces vils flatteurs, qui sont toujours de l'avis de tout le monde, et qui se soucient peu d'altérer la vérité, pourvu que leurs mensonges et leurs flatteries leur rapportent quelque chose.

A ces causes *intérieures* d'erreur, viennent se joindre celles qui proviennent des objets eux-mêmes. Bien que l'on puisse souvent distinguer la vérité de l'erreur, et que le vrai ne se confonde pas avec le faux, quelquefois cependant, ils apparaissent à l'esprit étroitement unis, et s'il n'est pas assez habile pour les séparer et les discerner l'un de l'autre, son jugement se trouvera par là erroné. L'apparence, voilà la fausse lumière, dont souvent l'esprit se contente. Il juge souvent toutes choses d'après leur dehors sans essayer de les approfondir. Un tableau d'un brillant coloris est tenu pour un chef-d'œuvre ; un orateur aux phrases sonores et bien cadencées est regardé comme un grand homme. Nous montrons la même légéreté d'appréciation quand nous jugeons des conseils et des intentions des autres d'après les événements. Cet homme n'a pas réussi, nous nous hâtons de dire qu'il a eu tort. La fortune a souri à cet autre, nous répétons qu'il avait habilement combiné son affaire. Enfin, *l'art de penser* signale encore deux causes fréquentes d'erreur : le *sophisme d'autorité* et le *sophisme de manière*. Personne n'ose douter des paroles d'un hommes entouré du prestige des richesses ; comme si l'infaillibilité était l'apanage de l'opulence, comme si le riche devait surpasser les autres en esprit, parce qu'il les surpasse en fortune ! Nous sommes aussi plus portés à croire ceux qui s'expriment avec gravité, et parlent d'un ton doctoral et sentencieux, que ceux qui s'emportent ou qui hésitent en parlant, et il arrive souvent que les jugements que nous formulons ainsi d'après les apparences, soient marqués d'erreur.

Telles sont les principales causes de nos erreurs, selon *Port Royal* ; mais c'est dans l'original même qu'il faut apprécier toute la finesse d'esprit avec laquelle elles sont énumérées, et une sèche analyse ne peut les faire connaître que bien imparfaitement.

40ᵐᵉ DISSERTATION

Du probabilisme : Ses conséquences théoriques et pratiques.

> Nihil mihi videtur absurdius quam dicere se *verisimile* sequi eum *verum* quid sit ignoret.
> SAINT AUGUSTIN.

Comme le domaine de nos connaissances est resserré

dans des limites fort étroites, qu'aucune de nos facultés n'a le don de l'infaillibilité, et que ceux de nos jugements qui nous semblent les mieux fondés, sont quelquefois marqués d'erreur, des philosophes ont renoncé à ajouter foi aux données de nos facultés, et ont proclamé l'impossibilité pour l'homme d'arriver à une complète certitude. Exagérant ainsi la prudence que nous devons mettre dans nos jugements, ils refusent de reconnaître pour vraies les notions les plus claires, et les déclarent seulement probables. Cette doctrine est le *probabilisme.* Elle prit naissance dans la nouvelle Académie, fille dégénérée de l'école de Platon. Sans doute il arrive souvent que les motifs sur lesquels s'appuie notre opinion, ne soient ni assez nombreux ni assez sérieux pour que nous puissions l'exprimer hardiment ; sans doute la plupart des jugements que nous portons manquent de justesse, parce que nous les formons avec trop de précipitation. Mais il ne faut pas conclure de là qu'il nous est impossible d'arriver à une certitude absolue, et que l'évidence complète se dérobe à nos regards. Le probabilisme s'égare donc, et l'on peut reconnaître d'après les conséquences théoriques et pratiques de cette doctrine, la fausseté du principe sur lequel elle repose.

En théorie, le probabilisme conduit fatalement au scepticisme. Les plus évidentes propositions n'étant que probables, les conceptions de la raison elles-mêmes ne sont plus que des suppositions plus ou moins fondées. Ainsi, suivant ce système, il est probable que tout fait ait une cause, mais il ne serait pas impossible qu'il y eût un effet sans cause. Toutes les démonstrations qui reposent sur les conceptions de la raison perdent leur caractère de complète certitude : la science n'enseigne plus que des probabilités, et l'existence d'un Dieu, d'une loi morale, ne saurait être affirmée sans restriction. Mais la probabilité a bien des degrés, depuis la vraisemblance la mieux fondée, jusqu'à la simple possibilité. Elle peut produire dans l'esprit bien des opinions, depuis la croyance la plus ferme, jusqu'à la simple conjecture. Aussi le probabilisme ne peut longtemps demeurer stationnaire, peu à peu les motifs de croire diminuent et s'effacent, et le probabilisme se change en *scepticisme*.

En pratique, la probabilité est un principe suffisant d'action ; mais quelle différence entre la conduite pleine d'hésitations qui en est la conséquence, et l'énergie qu'inspire la certitude ! En morale, la probabilité d'une loi éternelle et immuable sera impuissante à retenir les hommes dans le bien, eux qui n'ont pas trop déjà d'une conviction profonde pour résister à leurs penchants. L'homme n'aura dans cette simple croyance à la justice éternelle, qu'une arme bien faible à opposer aux séductions du mal, et à l'influence des passions.

Dans la science, si après de pénibles efforts et des recherches continuelles, on ne parvient à acquérir qu'une simple probabilité, quel savant voudra consumer sa vie dans d'incessants travaux, pour n'arriver qu'à ce résultat décourageant: « telle opinion vaut mieux que telle autre »? Dans toutes les phases et les circonstances de la vie, au lieu de cette conviction ardente qui fait des héros, le probabilisme n'enfantera donc qu'une tiède croyance, qui ne nous sollicitera que bien faiblement à agir. Il y aura donc dans la conduite du probabiliste effectif et conformant ses actes à sa doctrine, une sorte d'hésitation, qui bientôt, lorsqu'au probabilisme aura succédé le scepticisme, se changera en la plus complète indifférence.

Ainsi, avec ce déplorable système, pas d'héroïsme, pas de grandeur. Dans la science il tend à éteindre l'amour de la vérité : dans la morale, à affaiblir l'idée du bien ; dans la vie pratique, à priver l'âme de son énergie : les conséquences théoriques qui en découlent, prouvent du reste aussi bien que ses résultats pratiques, la fausseté du principe sur lequel il repose ; et malgré tous les arguments qu'on peut invoquer en sa faveur, il a contre lui le sens commun.

41ᵐᵉ DISSERTATION

Doute méthodique de Descartes et doute effectif des sceptiques

Au milieu de tous les préjugés dont nous sommes imbus, des erreurs que font naître les assertions des sophistes, des aveuglements des passions, l'esprit se perdrait dans la confusion de ses pensées, si la méthode ne lui donnait les moyens de les concorder et de les préciser ; et l'un des moyens les plus efficaces pour obtenir des idées claires et précises, c'est le *doute*, tel que Descartes l'a pratiqué.

C'est en nous débarrassant de toutes les fausses idées

qui nous ont été transmises, c'est en mettant en doute
tout ce qui nous a été enseigné, pour ne plus considérer
les choses qu'aux seules lumières de la raison, que nous
pourrons nous faire des idées claires et vraies et assurer
la justesse de notre jugement.

C'est ainsi que Descartes est parvenu à renouveler la
face de la science, et à élever une philosophie toute
nouvelle sur les débris de l'ancienne. Il ne doute que
pour avoir une certitude plus complète ; il ne suppose
partout l'erreur que pour mieux trouver la vérité ; il
n'accumule autour de lui l'obscurité, que pour en faire
jaillir une plus vive lumière. Mais Descartes va peut-
être trop loin dans son doute ; non seulement il rejette
tous les préjugés qu'il a pu « *recevoir en sa créance* »
mais encore il écarte le témoignage de toutes nos facultés, pour n'admettre que celui de la conscience. Il ren-
chérit sur le scepticisme le plus complet et se met par là
dans l'impossibilité de rétablir complètement tout ce
qu'il a d'abord abattu.

Mais si le doute ainsi entendu est un des procédés de
la méthode les plus utiles à l'intelligence, il n'en est pas
de même du *doute effectif*, érigé en système. Par le
doute provisoire, nous ne doutons que pour arriver à
une certitude plus complète ; mais par le doute effectif,
nous rejetons définitivement toute conviction ; nos facultés nous trompent quelquefois ; nous admettons qu'elles
nous trompent toujours. Les sceptiques doutent de
tout : de leur propre existence, de l'existence du monde
extérieur, du Dieu qui l'a créé. Avec une pareille doctrine, plus de science possible, plus de certitude, plus
rien qu'une affreuse indécision où l'esprit se perd. Ce

7.

doute est une véritable maladie morale, et jamais l'homme qui possède un jugement droit, une raison saine, ne pourra extravaguer à ce point. Il faut être du reste poussé par l'esprit de système pour avancer de pareilles théories, et il est bien rare de rencontrer, dans la vie pratique, un sceptique effectif.

Il faut donc bien se garder de confondre le doute provisoire avec le doute définitif : autant l'un est utile à l'esprit humain, autant l'autre lui est funeste : autant l'un développe, affermit l'intelligence en fixant et coordonnant ses idées, autant l'autre l'affaiblit, et nous empêche d'apprécier sainement les choses.

42ᵐᵉ DISSERTATION

Distinguer l'induction de la déduction.

Deux des procédés les plus puissants que l'esprit humain ait à sa disposition pour découvrir la vérité, sont l'induction et la déduction. Mais ces deux opérations de l'esprit sont loin d'être identiques, et il faut bien se garder de les confondre. Sans être entièrement étrangères l'une à l'autre, elles n'en ont pas moins entr'elles des différences essentielles, que nous allons essayer de faire ressortir, en considérant successivement ces deux procédés de la méthode dans leur nature, dans leurs résultats, et dans leur valeur respective.

Considérées en elles-mêmes, elles sont précisément
l'inverse l'une de l'autre. L'une va du particulier au gé-
ral, l'autre du général au particulier. L'induction s'appuie sur un fait isolé pour formuler une loi, la déduction
part d'un principe général, et montre l'exactitude d'une
vérité particulière en mettant en évidence sa conformité
avec ce principe. Par l'induction, nous allons au-delà
du fait observé, nous sortons des étroites limites de
l'expérience ; par la déduction nous nous renfermons
dans le principe qui est notre point de départ ; nous ne
sortons pas des limites qui le circonscrivent, et le fait
particulier, but et terme de nos recherches, y est lui-
même compris. En outre le principe est logiquement
antérieur à sa conséquence ; l'induction, qui va de la
conséquence au principe, qui suit l'ordre inverse des
choses, est donc une analyse ; la déduction qui en suit
la succession naturelle, est une véritable synthèse.

Si l'on considère, dans ces deux procédés, la valeur
respective des résultats auxquels ils conduisent, on ne
trouvera pas moins de différences. L'induction, qui va
au-delà du fait observé, qui dépasse les données de
l'expérience, marche un peu au hasard, malgré toute la
certitude du principe sur lequel ce procédé repose. Car
une foule de causes peuvent influer sur le fait dont
nous sommes témoins, et modifier plus ou moins la loi
que nous nous proposons de fonder sur ce fait. Par
exemple un chimiste observe que l'eau bout à 105° dans
un ballon de verre ; s'il s'appuie sur ce fait, pour affirmer qu'en général, l'eau entre en ébullition à 105°, il
fait une fausse induction, car il n'a pas tenu compte de
l'influence que la nature du vase pouvait avoir sur la

température d'ébullition, circonstance importante, dont
l'oubli est la cause de son erreur ; tandis qu'au contraire,
la déduction qui ne sort pas du principe sur lequel elle
s'appuie, qui ne fait qu'affirmer explicitement ce qui y
est implicitement contenu, donnera un résultat dont la
valeur sera toujours en raison directe de celle du principe initial ; vrai, si celui-ci est vrai ; faux, si celui-ci est
inexact.

Tout en reconnaissant l'utilité de l'induction, des
philosophes ont nié la fécondité de la déduction, qui,
disent-ils, ne peut nous faire retrouver que des idées
que nous avions déjà, et qui sont implicitement renfer-
mées dans le principe qui nous a aidés à les trouver.
Mais cette opinion n'est pas fondée ; la déduction peut
devenir la source d'importantes applications sinon de
découvertes, et ouvrir à l'industrie et aux sciences une
voie nouvelle. Lorsque Mariotte eut découvert par
induction sa loi sur les forces élastiques des gaz, les
physiciens ne revinrent pas sur la route qu'il avait déjà
suivie, et ne se contentèrent pas de faire des applications
scientifiques de cette loi sur différents gaz ; mais par-
tant de ce principe, ils se dirigèrent dans une voie toute
nouvelle, et les applications qu'ils en firent, eurent le
mérite de véritables inventions.

Ainsi l'induction et la déduction ont entr'elles des différences essentielles qui ne permettent pas de les confondre ; mais elles ne sont pourtant pas isolées l'une de
l'autre, et ne laissent pas d'avoir entr'elles certains rapports. La déduction est le complément naturel de l'induction. Elle permet de vérifier la loi trouvée, en montre
la fausseté ou l'exactitude. Par la déduction enfin, nous

appliquons les lois trouvées par induction, et le rôle de l'une vient compléter l'œuvre de l'autre.

———

43ᵐᵉ DISSERTATION

L'induction est-elle réductible à l'expérience? Ne suppose-t-elle pas un principe rationnel, et quel est ce principe?

Lorsque le sens intime nous a fait percevoir en nous-mêmes un fait quelconque, non pas résultant d'un caprice de notre volonté, mais produit par les lois stables de notre nature, nous affirmons spontanément que ce fait s'est toujours produit et continuera à se produire dans les mêmes conditions. De même, lorsque la perception des sens nous fait saisir en dehors de nous, un des phénomènes de la nature, nous sommes poussés par un instinct de notre raison, à croire que le fait que nous percevons maintenant est toujours arrivé et arrivera toujours tel que nous le voyons en ce moment. Nous érigeons en qualité permanente d'un être, une propriété qui nous est accidentellement révélée ; du présent, nous descendons dans le passé, et nous nous élevons dans l'avenir.

Mais nous ne pouvons découvrir ce qu'il y a d'immuable dans un fait, sans découvrir en même temps ce qu'il y a d'universel. Ce que nous affirmons de toute la

durée d'un être, nous l'affirmons encore de tous les êtres
de la même nature. Nous saisissons dans toute sa permanence et sa généralité le fait que nous percevons accidentellement ; nous franchissons les étroites limites de
temps et d'espace où nous serions renfermés sans la
raison, et nous affirmons de toute la durée d'un être, ce
que nous avons observé en un moment de l'existence de
cet être ; de toute une classe ce que nous avons observé
en quelques individus de cette classe, et nous formons
ainsi une loi générale et constante.

Mais si nous avons recours à l'expérience, cette loi
aura-t-elle toujours son application? Les faits se présen-
teront-ils toujours dans l'ordre que nous établissons, et
l'expérience viendra-t-elle confirmer à chaque instant le
principe que nous avons posé ?

Cela dépend évidemment des conditions dans lesquelles notre esprit l'a posé. S'il a porté son jugement à la
légère, s'il n'a observé qu'imparfaitement les faits sur
lesquels il s'appuie pour formuler une loi, s'il n'a tenu
compte de diverses circonstances pouvant être la cause
d'importantes modifications, la conclusion générale qu'il
veut tirer, courra grand risque d'être fausse.

Un seul fait ne peut quelquefois suffire pour formuler une loi, car ce peut être un fait isolé, un fait
accidentel, et le principe général que l'on en tirera sera
probablement inexact. Si, après avoir établi une loi dans
ces conditions, nous avons recours à l'expérience, il est
peu probable que le résultat s'accorde avec la loi. L'induction que nous avons faite se réduira ainsi devant les
expériences qui en démontreront l'inexactitude, et le
principe que nous avons prématurément posé, perdra le

caractère de permanence et de généralité que nous lui avions donné. Mais si nous avons avec soin constaté les faits, si nous avons déterminé avec précision le degré d'influence que peuvent avoir sur eux les circonstances qui les accompagnent, si nous avons bien distingué dans les objets que nous observons ce qui n'était qu'accidentel, et ce qui faisait partie de leur nature, la loi que nous formulons alors, aura un caractère complet de certitude ; elle ne sera plus réductible à l'expérience ; au contraire tous les faits viendront la confirmer, et chaque nouvelle expérience s'accordera avec elle.

Mais sur quel principe nous appuyons-nous pour formuler ainsi une loi certaine et irréductible ? Qui nous permet d'étendre ainsi à tous les moments et à tous les lieux, ce que nous observons en un seul moment, en un seul lieu ? C'est notre croyance à la stabilité et à la généralité des lois de la nature, et cette croyance est fondée elle-même sur un principe de la raison. La raison nous dit que l'ordre caractérise les œuvres d'un être intelligent ; il était donc nécessaire, que Dieu, l'être intelligent par excellence, mit de l'ordre dans son œuvre, et donnât à l'univers des lois stables et générales, puisque l'ordre n'est autre chose que l'uniformité et la permanence des lois. Sans doute, Dieu aurait pu donner à l'univers un ordre autre que celui qu'il a établi ; mais puisqu'il a choisi celui qui existe actuellement, nous croyons fermement que les lois de l'univers, telles qu'il lui a plu de les instituer, ne sont susceptibles d'aucune variation ni dans le temps ni dans l'espace, et si cette croyance n'a pas la nécessité d'un principe rationnel, elle en a la certitude.

Nous pouvons nous figurer un ordre tout autre que celui qui existe ; cela ne choque pas notre raison comme si nous voulions nous figurer que 2 et 2 font 5 ; mais nous croyons aussi fermement que 2 et 2 font 4, que les faits de la nature conserveront jusqu'au jour où il plaira à Dieu d'anéantir l'univers, leur caractère de permanence et d'uniformité.

44ᵐᵉ DISSERTATION

Du syllogisme.

Le syllogisme comme le raisonnement, dont il est la forme la plus régulière, a pour but de faire apercevoir la convenance de deux idées qui semblent au premier abord ne pas s'accorder entre elles, en mettant en évidence le rapport de ces deux idées avec une idée moyenne. Il repose sur ce principe de raison : deux choses qui conviennent à une troisième conviennent entre elles. Aussi la légitimité de ce procédé de l'esprit est complète, et la conclusion à laquelle il mène a un entier caractère de certitude, lorsque les règles auxquelles sa marche est soumise ont été méthodiquement observées.

Si nous considérons le syllogisme en lui-même, nous voyons qu'il se compose essentiellement de trois propositions et des termes dont celles-ci sont formées. Les propositions peuvent être considérées suivant leur quan-

'tité ou leur qualité. Suivant leur quantité, elles sont *universelles*, *particulières* ou *individuelles* ; mais on est convenu de faire rentrer ces dernières dans les propositions universelles. Suivant leur qualité, elles sont *affirmatives* ou *négatives*. C'est du sujet de la proposition que dépend son extension. Elle est universelle, quand celui-ci est universel ; particulière, quand il est particulier. L'attribut de la proposition a son extension propre, qui dépend du caractère affirmatif ou négatif de la proposition. Si celle-ci est affirmative, l'attribut est particulier ; il est universel quand la proposition est négative. Tels sont les propres caractères que présentent les propositions et les termes.

Si on les considère dans leur arrangement pour former le syllogisme, les propositions sont au nombre de trois : la *majeure*, la *mineure*, réunies sous le nom de *prémisses*, et la conclusion. Les termes sont aussi au nombre de trois : le *grand extrême*, le *petit extrême* et le *moyen terme*. Les deux idées à comparer sont le grand extrême et le petit extrême, l'idée intermédiaire est le moyen terme. Cette comparaison se fait dans les prémisses. Dans la conclusion, on affirme ou on nie la convenance du grand extrême avec le petit extrême.

Dans les prémisses, où s'effectue la comparaison des extrêmes avec le moyen terme, celui-ci peut occuper diverses places, soit en qualité de sujet, soit en qualité d'attribut. De ces diverses dispositions résultent les *figures* du syllogisme. De plus, les propositions qui le composent peuvent toujours revêtir une de ces quatre formes : *particulière-négative*, *particulière-affirmative*, *générale-négative*, *générale-affirmative*. Ces quatre formes pouvant se combiner trois à trois de soixante-quatre façons différentes ; il en résulte soixante-quatre modes du syllogisme dont dix-neuf seulement sont concluants.

Tels sont les éléments dont se compose le syllogisme, et les diverses manières dont ils se peuvent combiner. Ces arrangements sont soumis à huit règles principales : les quatre premières concernent les termes ; les quatre autres, les propositons :

I. — Il faut trois termes dans tout syllogisme : moyen terme, grand extrême, petit extrême ; — Car pour pouvoir comparer les deux idées extrêmes à l'idée intermédiaire, il faut trois termes, ni plus ni moins ; deux ne suffiraient pas, quatre seraient de trop.

II. — Nul terme ne peut avoir plus d'étendue dans la conclusion que dans les prémisses. — Car le rôle du syllogisme est de faire sortir la conclusion des prémisses ; si donc celles-ci ne contiennent pas celle-là, il est impossible de l'en tirer.

III. — La conclusion ne peut renfermer le moyen terme ; — car celui-ci n'est employé que pour faire apercevoir la convenance ou la disconvenance des deux idées extrêmes, et la conclusion qui ne fait qu'affirmer si ces deux idées se conviennent ou s'excluent, n'a plus besoin du terme de comparaison.

IV. — Le moyen terme doit être pris universellement au moins une fois. — Car pour qu'on puisse voir le rapport ou la disconvenance des deux idées extrêmes, il est nécessaire de les comparer à un même terme moyen ; or, si celui-ci était pris particulièrement dans la majeure et la mineure, il serait bien difficile de déterminer s'il a précisément la même extension dans l'une que dans l'autre.

V. — Si les deux prémisses sont négatives, il n'y a pas de conclusion. — Car les deux idées à comparer ne convenant ni l'une ni l'autre à l'idée intermédiaire, on ne peut conclure qu'elles se conviennent, ni qu'elles s'excluent.

VI. — Deux prémisses affirmatives ne peuvent donner une conclusion négative. — Car les deux idées à comparer étant liées toutes deux à une même troisième, sont nécessairement liées entre elles.

VII. — La conclusion suit toujours la plus faible partie, c'est-à-dire qu'elle est particulière, si l'une des prémisses est universelle et l'autre particulière, et négative, si l'une des prémisses est affirmative et l'autre négative.

VIII. — Deux propositions particulières ne donnent aucune conclusion. — Car si elles sont toutes deux affirmatives, comme elles sont déjà particulières, elles n'ont aucun terme universel ; or nous avons vu que le moyen terme doit l'être au moins une fois.

Si elles sont toutes deux négatives, il n'y a pas de conclusion.

Si l'une est affirmative et l'autre négative, elles ont alors un terme universel, l'attribut de la négative ; mais dans cette hypothèse, il est nécessaire qu'elles en aient deux, le moyen terme, et le grand extrême, qui est l'attribut de la conclusion particulière négative à laquelle elles conduisent.

Telles sont les règles auxquelles est assujettie la marche du syllogisme; tant qu'elles sont rigoureuse-

ment observées, le syllogisme est un des plus puissants
moyens que l'esprit ait à sa disposition pour découvrir
la vérité.

45ᵐᵉ DISSERTATION

Utilité du Raisonnement

Malgré son étendue, la raison humaine n'est pas infinie : bien que cette éminente faculté permette à l'homme
de sortir du matériel, du contingent et du particulier, et
l'élève à la connaissance du nécessaire, de l'absolu et de
l'universel, il est pourtant des vérités qu'elle ne peut
atteindre immédiatement. Mais quand la raison ne peut
directement concevoir une vérité, elle supplée par ses
efforts et son travail à sa faiblesse et à son imperfection ; elle combine, elle rapproche ses idées, elle s'appuie sur l'une pour atteindre l'autre, et elle arrive enfin
en s'aidant de divers artifices, en suivant une route dé-
tournée, à contempler la vérité qui échappait à ses
regards ; ce travail accompli par la raison, c'est le raisonnement.

On peut voir déjà de quelle utilité nous est le pouvoir de raisonner ; il est pour l'homme la source d'une
foule de connaissances que la raison seule aurait été
impuissante à acquérir. Si l'homme n'avait eu le pouvoir d'agrandir le domaine de son intelligence, il serait

encore aujourd'hui tel qu'il est sorti des mains de son créateur. Il aurait pu, il est vrai, connaître les vérités que la raison aurait suffi à lui faire apercevoir ; mais n'ayant pas le pouvoir d'augmenter ces connaissances primitives par le secours du raisonnement, il aurait toujours été borné aux seules notions rationnelles, et n'aurait pu élever cet édifice de science dont il se glorifie aujourd'hui. N'est-ce pas sur le raisonnement que reposent les mathématiques et toutes les autres sciences exactes ; n'est-ce pas grâce à lui que nous sommes parvenus à en établir l'ensemble, à en formuler les principes ? Sans doute, c'est de la raison seule que le raisonnement tire sa force ; sans doute, par lui-même, le raisonnement ne peut nous donner aucune connaissance, s'il n'est conduit et soutenu par la raison. Et ce n'est même que par abstraction que nous considérons séparément cet acte de l'intelligence, de l'intelligence elle-même. Mais enfin, considéré ainsi en lui-même, le raisonnement n'est pas moins nécessaire à la raison, pour découvrir les vérités qu'elle ne peut atteindre, que le microscope ne l'est à l'œil, pour l'aider à apercevoir les objets qui lui échappent. Sans le raisonnement, la raison ne pourrait faire sortir la vérité de l'obscurité qui l'enveloppe, pas plus que le sculpteur, privé de son ciseau, ne pourrait faire sortir du marbre, la statue qu'il a rêvée.

Aussi la faculté de raisonner est-elle comme la raison elle-même, une faculté éminemment distinctive de l'homme et de la bête. L'ombre de raison que paraissent avoir les animaux, n'est que l'attente d'un évènement semblable, lorsque se représentent les mêmes conditions au milieu desquelles cet évènement s'était produit. L'homme seul a le pouvoir d'agrandir le domaine de ses connaissances par le raisonnement, et ce noble privilège est un des plus beaux dons que Dieu ait pu lui faire.

46ᵐᵉ DISSERTATION

De l'hypothèse : des conditions dans lesquelles elle devient une loi

L'œuvre de la création est si grande, si sublime que l'homme avec sa faible raison ne peut la comprendre. Sans doute depuis la longue succession des siècles qui se sont écoulés, sa raison s'est développée et agrandie, et il a pu découvrir quelques-uns des secrets de la nature ; il a pu soulever un coin du voile qui lui cachait son origine et la formation du monde qu'il habite ; mais que de choses lui sont encore inconnues ! Ce qu'il a pu deviner de l'ordre qui existe dans l'univers n'a servi qu'à augmenter encore le désir qu'il a de le connaître entièrement. Mais sa raison ne répond pas à son ambition, et son intelligence impuissante à trouver l'exacte vérité, est réduite à se contenter de l'*hypothèse*.

La science doit-elle admettre ou rejeter l'hypothèse ? Cela dépend évidemment du plus ou moins de facilité qu'offre la solution des questions qui peuvent se présenter. Si nous pouvons résoudre rigoureusement le problème que nous nous posons, si nous pouvons découvrir le vrai à l'aide des procédés exacts de la méthode, si nous avons à notre disposition tous les moyens d'arriver sûrement à la vérité, pourquoi nous engagerions-nous dans une voie moins certaine, et nous servirions-nous d'une méthode moins exacte? Mais si nous n'avons que l'hypothèse pour expliquer tel ou tel fait, nous ne devons pas hésiter à nous en servir. Elle peut quelquefois mettre sur la voie de la vérité; ainsi les tourbillons de Descartes, si décriés de son temps, ont peut-être servi à Newton pour établir son célèbre principe de la gravitation universelle. Bien plus, l'hypothèse lorsqu'elle a été faite dans de bonnes conditions, peut quelquefois être une vérité anticipée.

Mais pour que son emploi puisse être utile et légitime, il faut qu'elle soit soumise à de certaines règles : d'abord pour établir une hypothèse avec quelque raison, il faut que nous nous rendions un compte exact de toutes les circonstances du fait que vous voulons expliquer; il nous faudra bien dégager le caractère essentiel des faits, des circonstances accidentelles qui les accompagnent. Nous devons ensuite préférer les hypothèses qui s'accordent avec le plus grand nombre de faits, et enfin donner notre assentiment aux hypothèses les plus simples. Prenons un exemple dans la philosophie elle-même : les partisans du *vitalisme* supposent deux forces distinctes en nous et produisant : l'une les faits de l'âme, l'autre les faits du corps; mais n'est-il pas plus simple d'admettre que ces deux sortes de phénomènes sont produits par une seule et même force;

l'âme ! Enfin l'hypothèse aura une légitimité complète, si, en même temps qu'à ces conditions relatives à son invention, elle satisfait encore à celles-ci qui concernent sa vérification. Il faut que l'hypothèse soit d'accord avec tous les faits connus, qu'elle rende compte de tous les faits qu'elle prétend expliquer, et enfin qu'elle ne soit pas reductible à l'expérience.

C'est dans ces conditions que l'hypothèse pourra acquérir sinon un caractère complet de certitude, du moins une légitime apparence de vérité. C'est ainsi qu'on pourra substituer aux inventions capricieuses de l'imagination, les suppositions sérieuses d'une raison éclairée, et que le domaine si restreint de nos connaissances pourra s'agrandir de jour en jour.

47ᵐᵉ DISSERTATION

Des axiômes. — Les définir, les caractériser et les classer suivant les différentes sciences

Parmi les choses accessibles à l'intelligence, il en est qu'elle ne peut découvrir qu'après de nombreuses et pénibles recherches ; il en est d'autres qu'elle aperçoit immédiatement, sans travail et sans effort. Il est des vérités que seuls, les esprits éclairés sont parvenus à connaître, et que les intelligences peu cultivées ne soupçonnent même pas. Il en est d'autres que tous peuvent concevoir. Ces vérités qui s'offrent à l'esprit environnées de la plus complète évidence, sont des *axiômes*. On peut donc définir les axiômes : « Des vérités évidentes par elles-mêmes, et qui n'ayant pas besoin d'être démontrées, concourent à la démonstration d'autres vérités.

Leur signe destinctif, c'est donc ce caractère d'évidence dont elles sont marquées. Toute vérité qui ne se présente pas à nous revêtue du même caractère, n'est plus un axiôme, et cette dénomination ne convient qu'à celles qui entraînent l'adhésion immédiate de l'esprit. A ce signe distinctif, il est facile de les reconnaître. L'enfant dont la raison commence à se développer, peut aisément les comprendre ; le vieillard dont l'âge a affaibli les facultés intellectuelles, ne cesse pourtant pas de les concevoir. L'évidence dont ces vérités sont marquées, produit dans l'esprit la plus complète certitude. Ces vérités sont tout à fait indépendantes de l'expérience : ce n'est pas après avoir observé plusieurs fois qu'une ville est plus grande qu'un quartier, qu'une forêt est plus grande qu'un arbre, que nous arrivons à formuler cet axiôme : « *le tout est plus grand que la partie* : mais c'est parce que les idées claires et distinctes que nous avons du tout et de la partie, impliquent nécessairement que le *tout* est plus grand que la *partie*, et que la *partie* est plus petite que le *tout*. Un autre caractère des axiômes, c'est la *nécessité* : ils se distinguent par là des autres vérités premières. Ainsi quand nous disons : *les corps sont étendus*, la vérité incontestable que nous exprimons n'est pas un axiôme ; c'est ce qu'on est convenu d'appeler un *fait premier*. Le fait premier ne se

démontre pas plus que l'axiôme ; seulement le premier
est *contingent* et la second *nécessaire*.

Ces vérités sont d'une continuelle application dans la
vie ordinaire. Elles sont la base de tous nos autres jugements, et la faculté qui les conçoit, sous sa forme la
plus simple et la plus générale, c'est le *sens commun*.
Et non seulement nous en faisons un continuel usage
dans nos rapports avec nos semblables ; mais nous nous
en aidons encore dans la formation des sciences. C'est
en effet par elles que nous utilisons les données de l'expérience dans les sciences physiques ; c'est par elles que,
dans les sciences exactes, nous fécondons les conceptions de la raison. Aussi il n'est pas une science où l'on
ne trouve quelqu'une de ces vérités implicitement con-
tenue, ou clairement exprimée. Les sciences se divisent
en trois grandes classes : sciences exactes, physiques,
et morales ; nous voyons apparaître les axiômes dans
chacune de ces différentes classes. Ils contribuent puissamment à faire sortir dans les sciences exactes, les vérités mathématiques des premières conceptions de la
raison. Ainsi on voit à chaque instant dans la géométrie,
des propositions de ce genre : deux choses égales à une
troisième sont égales entr'elles. Les sciences physiques
reposent aussi sur des axiômes tels que ceux-ci : Tout
phénomène a une cause : tout mode suppose une substance. Enfin, les sciences morales font ainsi intervenir
à chaque instant les axiômes. Nous n'avons pas besoin
qu'on nous démontre, par exemple, cette vérité : Il faut
rendre à chacun ce qui lui appartient ; la raison la conçoit et l'admet sans effort.

Ainsi les axiômes, ces vérités évidentes par elles-mêmes, se distinguent facilement des autres vérités, qui ne sont point comme eux, marquées d'un caractère d'évidence ; ils se retrouvent dans les sciences, qui toutes plus ou moins, s'appuient sur ces vérités premières.

48ᵐᵉ DISSERTATION

Montrer que la définition n'exprime que la conception du possible, sans être assujettie à la considération du réel.

A proprement parler, la définition est l'expression d'une idée. Bien que la plupart des logiciens divisent les définitions, en définitions de choses, et en définitions de mots, elles ne sont toutes en réalité qu'une analyse qui porte immédiatement sur une idée : ainsi la définition d'un mot n'est que l'explication analytique de l'idée qu'il exprime synthétiquement ; la définition d'une chose n'est que le développement de l'idée que nous en avons. La définition consiste donc à substituer à un terme représentant synthétiquement une idée, une suite d'autres termes qui doivent la présenter sous une forme analytique. Mais quelquefois, les idées que nous avons ne correspondent à aucun objet réel en dehors de l'esprit. Ce sont ou des conceptions de la raison, ou des fictions de l'imagination. Il est clair que la définition que nous donnerons d'une idée de cette nature ne pourra s'appliquer à aucun objet réellement existant, et qu'elle n'exprimera dans ce cas, que la conception du possible. Puisque c'est à l'idée seule que la définition se rapporte, peu importe qu'à cette idée corresponde ou non une réalité objective, et la définition n'en subsistera pas moins, qu'elle s'applique ou non à une réalité extérieure.

Toutes les sciences offrent des exemples de ces définitions qui ne sont point assujetties à la considération du réel. Dans les sciences exactes, presque toutes les définitions expriment seulement la conception du possible. En effet, les idées mathématiques ne se rapportent qu'à des objets possibles : les définitions qui expriment ces idées ne s'appliquent donc à aucune réalité actuelle. Quand je définis la circonférence : « Une ligne dont tous les points sont à une égale distance d'un point intérieur nommé centre, » — je n'examine pas s'il existe réellement quelque ligne qui ait tous ses points à égale distance d'un point intérieur ; je me borne à exprimer une conception à laquelle j'attache le nom de circonférence. — De même, quand je définis une tangente, « une ligne n'ayant qu'un point de commun avec la circonférence, j'exprime seulement la conception du possible ; car il est clair que malgré toute la délicatesse des lignes que je pourrais tracer, elles auront toujours une certaine épaisseur, et que le point de contact des deux lignes, si fin qu'il puisse être, ne saurait encore représenter le point mathématique.

Les sciences physiques ne sauraient expliquer les combinaisons et les diverses transformations des corps sans l'hypothèse des atomes. Elles définissent les atomes des molécules extrêmement ténues et indivisibles. Il est bien évident que cette définition n'exprime que l'idée d'atôme, et qu'elle ne s'applique à aucune molécule réelle, car si petits que soient les fragments d'un corps, on peut encore les concevoir plus petits : la molécule indivisible n'existe donc pas en réalité.

L'étude de la mythologie ancienne nous fait rencontrer à chaque instant les termes de *centaures*, de *syrènes*, *de sphinx* ; nous pouvons certainement concevoir les êtres que désignent ces dénominations, nous pouvons définir l'idée que nous en avons, et cependant ces êtres n'existent pas.

Aussi il est manifeste, que la définition s'appliquant seulement à l'idée, ne doit point être assujettie à la considération du réel. Que l'idée exprimée par la définition, corresponde ou non à un objet réellement existant, cela ne donne à la définition ni plus ni moins de valeur. Son rôle se borne à donner une analyse claire et précise de l'idée complexe que nous pouvons avoir.

49ᵐᵉ DISSERTATION

Quelles sont les différences entre convaincre et persuader ?

> Pour convaincre, il suffit de parler à
> l'esprit ; — pour persuader il faut
> aller jusqu'au cœur.
>
> d'Aguesseau

Souvent dans le langage ordinaire, on emploie ces deux termes comme synonymes ; ainsi, en parlant d'une chose qu'on tient pour certaine, on dira indifféremment : j'en suis *convaincu* ou j'en suis *persuadé*. Ces deux mots ont pourtant des significations distinctes, et l'on trouvera, en y réfléchissant, les différences qui empêchent de les employer l'un pour l'autre.

D'abord la persuasion s'adresse au cœur ; la conviction, à l'esprit. La persuasion a ce caractère distinctif, qu'elle n'a lieu ordinairement qu'après un mouvement de la sensibilité, tandis que la conviction résulte d'un travail de l'esprit. C'est la froide raison qui fait naître la conviction : ce sont les émotions du cœur qui entraînent la persuasion. Voyez un orateur défendant une cause qui n'est peut-être pas très-juste ; il emploie toutes les ressources de son éloquence : sa parole vive et passionnée captive tous ceux qui l'écoutent. Il touche, il émeut, il entraîne son auditoire ; il trouve le chemin des cœurs : les arguments qu'il développe sont peut-être spécieux, néanmoins il a persuadé ses auditeurs. Voyez maintenant un mathémacien : il enchaîne froidement ses raisonnements, il prouve jusqu'à l'évidence, par son argumentation serrée, les principes qu'il a posés.

Il s'adresse à l'esprit, à la raison, et il arrive ainsi à convaincre.

Nous pouvons voir déjà que l'on peut être persuadé d'une chose fausse, tandis qu'on n'est jamais convaincu que d'une chose vraie ; que la conviction suppose des preuves indiscutables, évidentes, tandis que la persuasion n'en suppose pas toujours. L'on peut toujours convaincre, mais l'on apprend à persuader. Ainsi un indigent pourra vous convaincre de sa misère en vous montrant ses haillons et son triste grabat dans toute sa nudité : tandis qu'un intrigant qui s'est exercé longtemps à débiter un émouvant récit de ses malheurs imaginaires, pourra vous en persuader par ses plaintes et ses doléances, et spéculer ainsi sur votre sensibilité. Mais vous pourrez être plus ou moins persuadé, tandis que vous ne serez jamais plus ou moins convaincu : la persuasion a donc des degrés, la conviction n'en a pas.

Concluons donc que persuader et convaincre ne sont pas synonymes, que l'on peut persuader sans convaincre et réciproquement. Et même il arrive assez souvent qu'un raisonnement brillant mais faux, a persuadé des gens qui ne s'étaient pas rendus à des preuves convaincantes ; en un mot, la conviction est un effet de l'évidence ; la persuasion est un résultat de l'apparence, ménagée souvent avec art pour que l'esprit soit dupe du cœur.

MORALE

50ᵐᵉ DISSERTATION

Origine de la Société.

Si l'on remonte par la pensée aux premiers jours
de l'humanité, on peut concevoir la société restreinte à
une seule famille. Du sein de cette première société do-
mestique, naissent d'autres familles, qui elles-mêmes se
multiplient à l'infini. L'humanité s'agrandit ainsi ; ses
membres croissent de plus en plus ; mais à mesure que
leur nombre augmente, leur union devient moins étroite ;
des différences de races s'accusent ; les intérêts se divisent,
les nations se forment, les familles se dispersent, mais
sans devenir pour cela étrangères les unes aux autres.
Ainsi l'homme, à aucun moment de son existence n'a
été isolé de ses semblables ; la société primitive s'est
divisée en une foule d'autres sociétés ; du tronc commun
est sortie une multitude de branches de plus en plus

éloignées les unes des autres, à mesure qu'elles sont de-
venues plus nombreuses; mais jamais l'homme n'a vécu
seul dans les forêts, comme les bêtes sauvages, ne connaissant ni société ni famille. Mille preuves sont là pour
établir que, comme l'a dit Montesquieu, il naît dans la
société, et qu'il y reste. Cet état sauvage, dont Lucrèce
et Horace nous ont retracé le tableau, et que J.-J. Rousseau a rêvé, paraît incompatible avec la nature de
l'homme.

Son organisation même ne permet pas un seul instant
de supposer qu'il eût pu vivre seul. Frêle et débile, il
n'atteint son entier développement qu'au bout de lon-
gues années. Que serait-il devenu, s'il avait été aban-
donné dès sa naissance? Bien inférieur à la plupart des
animaux en force physique, il serait devenu leur proie,
s'il n'avait eu ses semblable pour le protéger. Et en
supposant que l'homme livré à lui-même ait pu parvenir à son entier développement, comment aurait-il pu
persévérer dans l'existence, lui qui n'a aucune arme
pour se défendre, tandis que la plupart des animaux en
ont été pourvus par la nature?

De plus l'homme a la raison en partage; mais il ne
faut pas que ce don demeure stérile. Il faut que son intelligence soit exercée et cultivée, et cela serait impossible en dehors de la vie sociale. C'est à la société seule
que l'homme doit cette science dont il est fier aujour-
d'hui; c'est elle qui a pu, par une communion plus intime entre les intelligences, contribuer au perfectionne-
ment moral de l'humanité.

On doit remarquer aussi que la faculté de parler est
tout aussi naturelle que la faculté de penser. Puisqu'il a

été doué de la faculté toute spéciale de se créer un langage, c'est donc que son créateur le prédestinait à vivre en société. Pourquoi aurait-il mis en lui cette disposition particulière, si l'homme avait dû vivre seul ?

Non, la société ne s'est pas formée comme le prétend J.-J. Rousseau. Les hommes ne vivaient pas d'abord isolés les uns des autres, et ne se sont pas rassemblés dans la suite des temps, par hasard, ou dans le but de se défendre contre leurs ennemis communs. Mais toujours, à partir de sa création, l'homme a vécu en société ; et c'est ainsi que l'humanité à pu s'accroître ; que la raison humaine a pu se développer, et que ce don de la parole, dont seul l'homme est doué, a été employé conformément aux desseins du Créateur.

51ᵐᵉ DISSERTATION

Différences entre l'homme et la bête, d'après Bossuet

Déjà aux arguments par lesquels Montaigne, Gassendi et leurs disciples s'étaient efforcés d'établir la ressemblance de l'homme et de la bête, Descartes et Malebranche avaient répondu par des exagérations en sens contraire. — Pour eux l'animal n'était plus qu'une machine, composée de ressorts que les impressions extérieures faisaient mouvoir, mais dépourvue de tout principe immatériel. Bossuet, dans son dernier chapitre de la *Con-naissance de Dieu et de soi-même* a repris cette importante question de la différence entre l'homme et la bête, et sans nier comme Descartes l'existence d'un principe immatériel chez les animaux, il n'en a pas moins montré combien l'âme humaine lui était supérieure.

Les animaux font toutes choses convenablement et aussi bien que l'homme, à certains égards. Ils ont a même organisation que l'homme : voilà les deux arguments que l'on peut invoquer en faveur de la raison des bêtes. — Au premier de ces arguments, Bossuet répond que les animaux ont comme l'homme une fin à remplir ; leur instinct les pousse fatalement à l'accomplissement de leur destinée, et en obéissant passivement à cette impulsion, ils font tout avec convenance. Mais autre chose est d'agir convenablement et de connaître cette convenance. Ils tendent, il est vrai, à leur fin, poussés par leur instinct qui est pour eux un guide sûr ; mais ils n'ont pas conscience du bien relatif qu'ils accomplissent ; tandis que l'homme connaît la fin à laquelle il doit conformer toutes ses actions. Ses instincts ne l'entraînent pas fatalement, mais à la lumière de sa raison, il voit ce qu'il doit faire ou éviter pour arriver à la fin pour laquelle Dieu l'a créé. Et c'est ce qui explique pourquoi en bien des cas, les animaux agissent plus sûrement que nous ; c'est qu'ils sont invinciblement conduits par leur instinct, tandis que l'homme oppose souvent sa raison particulière aux penchants qui le sollicitent à agir. Cependant, dira-t-on, les animaux n'agissent pas toujours par instinct ; ils sont susceptibles d'éducation. Mais cette éducation chez eux, d'après Bossuet,

n'est qu'une direction particulière donnée à leurs tendances primitives. Ils n'apprennent pas réellement, mais
ils sont pliés à certains effets contre leurs premières
dispositions. — Aussi cette intelligence des animaux,
n'est que factice et artificielle. — Mais combien est dif-
férente l'intelligence humaine ! Elle s'élève à la conception des vérités universelles, nécessaires, absolues ; —
elle peut découvrir l'ordre et la sagesse qui règnent dans
les différentes parties de l'univers et y connaître l'œuvre d'un Dieu. Au delà de cette vie, elle conçoit une
autre vie éternellement heureuse ou malheureuse : or,
peut-on dire que les animaux aient jamais eu le moindre
soupçon de toutes ces choses ? — Leur instinct n'est
seulement pas susceptible de progrès ; toujours le même
depuis la création du monde, il demeurera le même jusqu'à sa fin ; tandis que l'intelligence humaine s'est
agrandie tous les jours, et le domaine de ses connaissances n'a pas encore atteint ses limites.

En second lieu, de la ressemblance des organes ne
pourrions-nous pas conclure à la ressemblance du principe intérieur ? Bossuet s'élève avec force contre une pareille conclusion. Nous ne connaissons à fond, ni l'organisation des animaux, ni la nôtre ; qui pourrait assurer
que leur ressemblance apparente ne cache point de profondes différences ? Et quand même Dieu leur eût donné
une organisation semblable à la nôtre, ne pouvait-il pas
animer deux organisations identiques par deux principes
différents ? — Ainsi tout dans l'animal est le fait de
l'instinct ; mais de quelle nature est cet instinct ? Est-ce
un sentiment ? Est-ce un mécanisme ?

Il est certain que les animaux peuvent éprouver du

plaisir ou de la douleur ; or la matière ne peut sentir, il faut donc admettre chez les bêtes une âme, un principe spirituel et immortel ?... Bossuet tourne la difficulté en montrant qu'on ne peut appeler spirituel que ce qui est entièrement distinct de la matière, comme la raison humaine. Mais la sensibilité n'est pas tout-à-fait indépendante de la matière ; par conséquent, l'âme de l'animal, toute sensible, sans être matérielle ne serait pourtant pas spirituelle. — Bossuet adopterait bien la doctrine de l'automatisme de Descartes ; mais, dit-il, « elle entre peu dans l'esprit des hommes » Aussi penche-t-il plutôt du côté de saint Thomas que de celui de Descartes.

Mais si l'âme des bêtes n'est pas entièrement spirituelle, l'âme humaine est appelée à l'immortalité ; et Bossuet termine ce chapitre par un magnifique aperçu sur le bonheur de la vie future, tout entière passée dans la contemplation de Dieu et la connaissance de la vérité.

52ᵐᵉ DISSERTATION

De la conscience morale

Sacer intra nos spiritus sedet, bonorum
malorum que nostrorum observator et
custos... SÉNÈQUE.

Tandis que les animaux accomplissent fatalement leur destinée, et guidés par leurs instincts, tendent à leur

fin sans la connaître, l'homme a le pouvoir de concevoir
la loi qui doit servir de règle à toute sa conduite, le but
où doivent tendre ses travaux et ses efforts. Quelle est
donc en lui cette sublime faculté dont les animaux sont
privés, et qu'il a seul en partage, cette faculté qui lui
permet ainsi de concevoir la règle de ses actions, de discerner ce qu'il doit faire de ce qu'il doit éviter ? — Elle
n'est autre que celle qui lui permet de sortir des limites
du monde contingent pour s'élever à la connaissance des
vérités universelles nécessaires, absolues ; elle n'est
autre que la *raison*. Seulement pour bien indiquer en ce
cas le rôle de la raison, on lui donne le nom de *conscience morale*. (La raison, dit Bossuet, en tant qu'elle
nous détourne du vrai mal de l'homme qui est le péché,
s'appelle conscience morale).

Ainsi c'est par la conscience morale que nous concevons la fin à laquelle nous devons conformer toutes nos
actions ; c'est elle qui nous permet de nous prononcer
sur la valeur de nos actes, et qui nous les fait juger bons
ou mauvais selon qu'ils sont ou non conformes aux préceptes de la loi morale ; c'est encore elle qui nous porte
à nous croire dignes de récompense lorsque nous avons
travaillé à l'accomplissement de notre destinée, et qui
nous inspire la crainte d'un châtiment, lorsque nous
nous sommes volontairement éloignés de la fin que la
Providence nous impose. C'est elle enfin qui fait naître
dans l'âme, à la suite de nos actions, ces douces et pures
joies qui sont pour la vertu une première récompense,
et ces pénibles émotions qui sont pour le vice un premier châtiment.

La ressemblance des termes pourrait conduire à con-

fondre la conscience morale avec la conscience psychologique. Mais il faut bien se garder d'une telle confusion. La conscience psychologique ne sort pas du contingent : son domaine, c'est le *moi*, avec son cortège de
pensées, de sensations, et de volontés. La conscience
morale nous élève à la connaissance de la loi éternelle et
immuable, elle est l'impression en nous de la raison divine. La première nous avertit de tout ce qui se passe en
nous-mêmes, elle nous révèle tous les faits de notre
âme, elle nous en fait connaître toutes les modifications.
La seconde n'envisage pas seulement ces faits en eux-
mêmes, et comme de simples modifications du *moi*, mais
elle les considère par rapport au *bien*. — Elle n'est pas
un témoin, elle est un juge devant lequel se succèdent
tous les faits de notre âme, et dont les décisions sont
sans appel. La conscience psychologique ne porte sur
ces faits aucun jugement, elle nous les révèle, voilà
tout ; mais la conscience morale les juge conformes ou
non à la loi éternelle qu'elle conçoit clairement, et sou-
met à son sévère contrôle, nos actes, nos pensées, et
jusqu'à nos intentions.

Sans doute, c'est la conscience psychologique qui nous
fait connaître les décisions de la conscience morale, car
celle-ci n'étant autre que la raison, ne pourrait nous
être connue, si elle n'était accompagnée de conscience ;
mais le rôle de ces deux facultés est bien distinct, et un
rapide examen suffit pour dissiper la confusion qu'aurait
pu faire naître la ressemblance des termes.

53ᵐᵉ DISSERTATION

Les notions du bien et du mal viennent-elles de l'éducation ?

> Nec erit alia lex Romœ, alia
> athenis, alia nunc, alia posthac,
> sed et ommes gentes, et omni
> tempore, una lex et sempiterna,
> continebit.
> CICÉRON. *De Rep.*

Il y a en nous une loi morale qui doit servir de règle à toutes nos actions : nous nous sentons les sujets d'une puissance qui est en nous, mais qui n'est pas nous, qui nous commande avec autorité, et dont les décisions entraînent l'obligation. Nous obéissons librement à cette loi ; si nous l'observons, nous faisons le *bien*, si nous méconnaissons ses préceptes, nous commettons le *mal*. Voilà ce que notre conscience nous atteste, et cependant, quelques philosophes n'ont pas hésité à obscurcir ces idées si claires et si pures, et à rejeter ces conceptions de la raison.

Pour eux, les notions du bien et du mal, du juste et de l'injuste, sont les seuls fruits de l'éducation. Nous naissons sans avoir la moindre idée des vérités morales, et ce n'est qu'au contact de nos semblables que nous jugeons nos actions bonnes ou mauvaises. C'est l'exemple d'autrui qui nous permet de régler notre conduite, c'est l'éducation seule qui nous permet d'attribuer à tel ou tel acte un caractère de bonté ou de malice. — D'après ce raisonnement, l'éducation se faisant par la parole, c'est donc par la parole que nous apprenons à distinguer le bien du mal, ce que nous devons rechercher et pratiquer de ce que nous devons éviter ?... mais la parole ne peut éveiller en nous que des idées que nous avons déjà. Comment pourrons-nous donc acquérir les notions du bien et du mal si nous n'en avons aucune idée ? Ces mots *bien* et *mal*, quand on nous les définirait de toutes manières, ne pourraient être compris par notre intelligence, ils frapperaient notre oreille, mais n'éveilleraient aucune idée dans notre esprit, pas plus que les mots *blanc* et *noir* n'éveillent l'idée de ces couleurs dans l'esprit d'un aveugle-né.

Sans doute, on ne peut nier l'influence de l'éducation: elle peut affaiblir ou fortifier notre sens moral ; elle peut avoir sur nos jugements une grande influence. Mais si elle développe dans notre esprit les notions du bien et du mal, elle ne les crée pas ; son action ne peut s'exercer que sur des sentiments qui existent déjà, elle ne peut que féconder les germes qui sont dans notre esprit. Si nous naissions complètement dépourvus des idées du bien et du mal, les efforts de ceux qui s'efforceraient de nous les inculquer, seraient aussi vains et inutiles que les soins qu'un jardinier prodiguerait à une branche morte.

Pour réfuter les arguments qu'on oppose à l'existence d'une loi morale, il suffit d'en appeler à la conscience de chacun. Et même sans avoir besoin d'invoquer le témoignage de la conscience, on peut prouver par le raisonnement et par une étude attentive des faits, que si l'éducation, la mode, les opinions apportent plus ou moins de variété dans nos jugements, en matière de morale, les notions du bien et du mal n'en sont pas moins indépendantes de l'éducation. La loi morale s'impose à nous, nous pouvons l'interpréter plus ou moins bien ; mais nous ne pouvons ni la créer ni l'abroger. C'est la connaissance de cette loi qui fait la noblesse et la dignité de la nature humaine ; c'est elle qui élève l'homme au-dessus de tous les animaux.

« Deux choses, disait Kant, remplissent l'âme d'une admiration et d'un respect toujours renaissants et qui s'accroissent à mesure que la pensée y revient plus souvent et s'y applique davantage : le ciel étoilé au-dessus de nos têtes, la loi morale au dedans de nos cœurs... »

54ᵐᵉ DISSERTATION

Distinguer le devoir et l'obligation morale des conseils de la prudence et des calculs de l'intérêt.

Au fond de l'âme humaine sont gravés les préceptes d'une loi morale, antérieure à tous les systèmes et à toutes les autres lois. La raison conçoit clairement cette loi primitive à laquelle nous devons conformer toutes nos actions, et nous déclarons *bien* tout ce qui est en harmonie avec ses principes ; et *mal* tout ce qui leur est contraire. Quand nous avons distingué le bien, nous nous sentons, non pas *forcés*, mais *obligés* de l'accomplir, et cette obligation constitue le *devoir*. — Mais, outre la bonté ou la malice d'un acte, l'homme peut aussi en reconnaître l'utilité ou le danger. Or, en accomplissant une action qui lui semble utile, accomplira-t-il un devoir? Est-il tenu d'écouter les conseils de la prudence, comme il est obligé de se conformer aux décisions de sa conscience morale? Pour pouvoir répondre à cette question, considérons le *bien* et l'*utile* dans leurs caractères, dans la manière dont ils sont connus, dans les sentiments qu'ils excitent.

Le bien a pour caractère essentiel la *nécessité*, l'*éternité* : nous ne reconnaissons rien de tel dans l'*utile*, il ne nous paraît que *contingent* et *relatif*. Le *bien* est universel; une action bonne pour quelques hommes l'est pour tous; il est bien évident que l'*utile* n'a pas ce caractère; ce qui est utile à quelques-uns d'entre nous, loin d'être avantageux pour les autres, leur est généralement contraire. Le *bien* est toujours le *bien*; mais, ce qui nous est utile aujourd'hui peut ne plus l'être demain. Quand un spéculateur joue à la Bourse, si une hausse se produit, son intérêt est de vendre; s'il y a baisse le lendemain, son intérêt sera d'acheter. Le *bien* n'éprouve jamais de telles variations. De plus il engendre l'obligation; l'*utile* ne nous oblige à rien. Dès qu'un acte nous a paru moralement bon, nous sommes tenus de l'accomplir; si nous agissons contre la voix de notre conscience, nous nous sentons coupables; — mais lorsqu'une action nous semble utile, elle ne s'impose nullement à notre volonté; et si nous n'écoutons pas les conseils que la

prudence nous suggère, nous avons des regrets, et non
des remords.

En outre, le bien est toujours clair, facile à comprendre et à exécuter. Avant même d'accomplir une action,
nous savons si elle est bonne ou mauvaise; mais souvent nous ne pouvons juger de l'utilité d'un acte qu'après
l'avoir exécuté. Quand Décius se jeta dans les rangs
ennemis pour assurer la victoire à sa patrie, ses soldats
jugèrent son action conforme au bien, avant même de
savoir si son dévouement serait suivi de succès. Mais un
négociant, par exemple, qui se lance dans des spéculations hasardées, n'en pourra reconnaître l'utilité qu'après les avoir menées à bonne fin.

Enfin, le bien excite en nous l'admiration, l'enthousiasme; après tant de siècles écoulés, nous admirons
encore la vertu de ces héros de l'antiquité, et nous ne
pouvons sans émotion relire les traits de dévouement de
ces grands hommes; mais nous n'éprouvons rien de
semblable en voyant quelqu'un s'enrichir, par exemple,
à force d'adresse et d'habileté.

Ainsi le *bien* et l'*utile* sont différents, si différents
qu'ils se trouvent souvent en opposition. Pour suivre
les conseils que nous dicte la prudence, nous oublions
parfois les règles que le devoir nous trace; pour contenter notre cupidité et notre désir du bien-être, nous
méconnaissons parfois les préceptes que nous impose la
loi morale; et si nous voulons en tout pratiquer le bien,
ce n'est souvent qu'au prix de dévouements et de sacrifices. Nous devons donc distinguer le devoir des calculs de
l'intérêt ou des conseils de la prudence; de trop profondes
différences les séparent pour qu'on puisse les confondre.

55me DISSERTATION

Responsabilité morale

L'homme a la connaissance parfaite de sa fin et de la loi qui doit servir de règle à toutes ses actions ; la conscience morale lui montre clairement ce qu'il doit faire, elle lui indique le but vers lequel ses efforts doivent tendre sans cesse. Et cependant, tout en voyant la route qu'il doit suivre, il prend quelquefois un chemin tout opposé. — Mais en même temps qu'il méprise les conseils de sa conscience, il sait qu'il fait le mal ; en même temps qu'il écoute sa voix et se conforme à ses préceptes, il sait qu'il fait bien ; et selon qu'il juge sa conduite bonne ou mauvaise, il se sent digne de récompense ou de punition. D'où vient donc cette distinction du bien et du mal, du mérite et du démérite qu'ils entraînent ? Quel est, en un mot, le principe de notre responsabilité ?

C'est la *liberté*, c'est la libre direction que nous pouvons donner à notre conduite, c'est le pouvoir que nous avons d'agir comme il nous plaît. Les animaux et les êtres physiques accomplissent fatalement leur destinée, et obéissent aveuglément à leurs instincts. L'homme, au contraire, en même temps qu'il conçoit la fin à laquelle il *doit* subordonner toutes ses actions, sait qu'il *peut* s'en écarter, et c'est l'usage de cette liberté qui donne naissance au mérite et au démérite qui sont les conséquences

9.

du bien et du mal ; C'est de cette liberté que naît notre responsabilité.

Mais dans quelles conditions notre responsabilité est-elle engagée ? dans quelles circonstances nos actes nous sont-ils imputables, et entraînent-ils pour nous le mérite ou le démérite ? Evidemment nous ne sommes responsables de nos actions que lorsque nous avons la pleine et entière disposition de nous-mêmes, que lorsque notre activité entre en exercice sans contrainte, et qu'aucune influence étrangère ne vient contrarier notre libre arbitre. Dès que notre liberté est amoindrie, notre responsabilité l'est par là même. Accuserait-on d'assassinat celui dont la main serait guidée par une main étrangère ? De plus nous ne sommes responsables que lorsque nous avons la pleine et entière connaissance des actes que nous accomplissons, et que nous en apprécions toute la portée. Le malheureux OEdipe, qui aveuglé par le destin, épousait sa mère et tuait son père sans les connaître, pouvait-il être déclaré coupable de ces crimes ?

Mais si notre responsabilité n'est pas engagée quand notre liberté est entravée, lorsque nous avons la libre disposition de nous-mêmes et que nous savons clairement ce que nous faisons, le bien entraîne alors pour nous le mérite ; le mal, le démérite, et comme conséquences nécessaires, la récompense et le châtiment. Telles sont les conséquences inévitables de notre responsabilité. A l'homme qui a bien usé de sa liberté, qui a obéi sans cesse aux conseils de sa conscience, est dévolue une portion de bonheur ; à celui qui s'est servi de sa liberté contre les desseins du créateur, est réservée une part d'affliction. Toutes ces vérités s'enchaînent les unes aux autres et notre raison ne pourrait les concevoir désunies, sans éprouver une perturbation aussi profonde, qu'en voyant un effet sans cause, un mode sans substance, un phénomène sans sa loi.

Ainsi les peines et les récompenses résultent nécessairement de notre responsabilité; — et nous ne pouvons expliquer les triomphes du vice en ce monde, et les humiliations de la vertu, qu'en admettant une autre vie, où les méchants expieront leurs crimes, et où les bons jouiront d'un bonheur sans mélange, d'une félicité sans fin.

THÉODICÉE

56ᵐᵉ DISSERTATION

Appréciation de la preuve de l'existence de Dieu tirée de la loi morale.

Nous concevons comme règle de notre volonté une loi parfaite, éternelle, universelle ; nous nous reconnaissons obligés d'obéir à cette loi et d'observer ses préceptes ; nous nous sentons les sujets de cette puissance qui est au-dessus de nous. La conception de cette loi par notre raison est l'un des plus fermes arguments que l'on puisse invoquer en faveur de l'existence de Dieu ; et en mettant de côté tous les développements oratoires, on put enfermer cet argument sous la forme rigoureuse de ce syllogisme.

> Toute loi parfaite suppose un législateur parfait ;
> — Or il y a en nous une loi parfaite, dont
> aucun de nous ne peut être l'auteur, —
> Donc il existe en dehors de nous un législateur parfait.

Mais sommes-nous réellement conduits à cette conclusion ? Ce raisonnement nous mène-t-il réellement à la connaissance d'un être vivant et parfait, auteur de la loi que conçoit notre raison ? C'est ce que nous allons examiner.

Il y a dans ce syllogisme un principe qui est la majeure, et un fait psychologique qui est la mineure. Le principe c'est que toute loi parfaite suppose un législateur parfait : le fait, c'est qu'il y a en nous une loi parfaite, dont nous ne pouvons être les auteurs. Nous n'avons pas à contester la valeur du principe : c'est une des formes de l'axiôme rationnel ; tout phénomène suppose une cause. — Mais ne pouvons-nous pas mettre en doute le fait que nous posons comme mineure? — Il suffit, pour établir ce fait, d'en appeler à la conscience de chacun. Tout homme sait qu'il a dans son esprit une loi tracée en caractères ineffaçables, et qui ne souffre ni conditions, ni transactions dans son accomplissement.

Vainement on objecterait que ce qui est regardé comme bien par un peuple, est quelquefois réputé mal par un autre ; vainement on opposerait au précepte qui nous ordonne de respecter la propriété d'autrui, les encouragements que Lacédémone donnait au vol : la loi morale existe chez tous, mais elle peut-être diversement appliquée ; et si quelques hommes peuvent se tromper dans l'interprétation des principes moraux, ils n'en possèdent pas moins ces principes.

Aussi, la loi parfaite existe en nous ; mais ne pourrions-nous pas en être les auteurs ? Sommes-nous forcés, pour expliquer l'idée que nous en avons, d'admettre l'existence d'un être supérieur et parfait comme elle ? Il est clair que si cette loi était l'œuvre des hommes elle serait imparfaite et variable comme eux ; au contraire, nous la voyons toujours demeurer intacte et semblable à elle-même au milieu des variations. Toujours et partout nous voyons briller ce flambeau que le souffle des révolutions humaines ne saurait éteindre et dont la lumière inaltérable nous guide dans la voie que nous devons suivre.

Et si cette loi était notre œuvre, ne l'aurions-nous pas faite conforme à nos passions, à nos intérêts, à nos instincts ? Elle se trouve, au contraire, sans cesse en opposition avec eux. Cette loi parfaite n'émane donc pas de nous ; il faut donc admettre, en dehors de nous, l'existence d'un législateur parfait.

Comment connaissons-nous ce législateur parfait ? Est-ce par notre conscience ? mais elle ne peut nous faire connaître que *le moi* et ses modifications : son domaine, c'est l'imparfait et le contingent. Nous est-il révélé par nos sens ? mais ceux-ci ne peuvent nous faire percevoir que des êtres comme nous, et par conséquent aussi incapables que nous de faire une loi parfaite, ou des êtres dépourvus de raison, et par suite, encore moins capables que nous de faire une loi parfaite. Est-ce notre raison qui le contemple dans une intuition immédiate ? — notre raison conçoit bien la loi morale, mais elle ne saurait en contempler l'auteur. Comment donc pourrons-nous le connaître, si nos facultés sont impuissantes à nous le révéler ?

Ce sera en rapprochant le fait du principe ; toute la force de l'argument réside dans la combinaison du fait psychologique, avec le principe de causalité ; c'est leur réunion qui mène à une conclusion à laquelle notre raison réduite à ses seules forces n'aurait jamais pu être conduite. Elle ne peut percevoir Dieu, le législateur suprème ; elle ne peut même s'arrêter sur ces notions d'infinité, de perfection, d'éternité, ni essayer de les approfondir, et de découvrir l'être réel sous l'idée qui le représente ; tout son pouvoir se réduit donc à conclure l'existence de Dieu : le plus grand effort qu'elle puisse faire, c'est en s'appuyant sur le principe de causalité, de dépasser la perception de l'existence de la loi, pour s'élever jusqu'à la conception d'un législateur éternel.

57ᵐᵉ DISSERTATION

Exposer et apprécier la preuve de l'existence de Dieu tirée de la notion de l'être parfait reproduite par Fénelon dans son traité de l'existence de Dieu.

Per animam meam, ascendam ad illum...
SAINT AUGUSTIN

La preuve que donne Fénelon dans son *Traité de l'existence de Dieu*, peut être résumée ainsi : « j'ai l'idée d'un être nécessaire ; à cette idée correspond en dehors de mon esprit, un être nécessaire réellement existant ; — car s'il n'existait pas, on pourrait le concevoir comme n'étant que simplement possible ; mais la possibilité ne peut convenir à la nécessité qui veut une réalité absolue ; l'être simplement possible ne serait donc pas nécessaire ; n'étant pas nécessaire, ce ne serait plus

celui dont j'ai l'idée, ce serait un être contingent quelconque, enfanté par l'imagination ; il faut donc, ou nier
que j'ai l'idée de l'être nécessaire, ou reconnaître que si
je l'ai, elle renferme clairement l'existence actuelle.
L'ai-je réellement ? La réflexion ne tarde pas à me la faire
découvrir ; je sais que la vie m'a été communiquée par
un autre ; que cet autre l'a reçue d'un autre, et ainsi
de suite à l'infini ; il faut donc que j'arrive enfin à la
conception d'un être qui ne doive son existence à personne, mais de qui tous les autres tirent leur existence ;
or il a été établi que je ne puis concevoir l'être nécessaire
que dans l'existence actuelle qui fait son essence. »

On a contesté la valeur de cette preuve ; l'objection
était celle-ci : « Vous concevez l'être nécessaire, mais
s'en suit-t-il qu'il existe réellement ? Nous accordons que
l'existence actuelle soit intimement unie à la nécessité,
et qu'un être existe actuellement par cela même qu'il est
nécessaire ; mais qui prouve qu'un être de cette nature
existe ? De l'idée que vous en avez, êtes-vous en droit
de conclure son existence ? Qui vous assure qu'à cette
idée corresponde un objet réel en dehors de votre esprit ? Qui vous assure que cette idée ne soit pas une
conception arbitraire et chimérique de votre raison, ne
se rapportant à aucune réalité vivante ? En supposant
que cette idée de l'être nécessaire que vous trouvez en
votre raison, ait pour objet un être nécessaire réellement
existant, vous admettez ce que vous voulez prouver,
c'est-à-dire l'existence de l'être nécessaire.

Il est facile de réfuter cette objection : car si l'on nie
qu'à l'idée de l'être nécessaire, corresponde un être
nécessaire, si l'on ajoute que cet être nécessaire, est

seulement possible, comme la nécessité exclut la possibilité, et réciproquement, cet être simplement possible n'est plus un être nécessaire ; Fénelon saisit l'existence de cet être en même temps que la conception de son idée, comme il saisit l'existence de son *moi*, en même temps que la perception de sa pensée. — Notre raison conçoit simultanément et l'idée d'un être nécessaire, et son existence actuelle, puisque l'idée de l'être nécessaire renferme son existence actuelle.

En résumé, malgré les attaques de quelques philosophes, la preuve que donne Fénelon est très concluante. A l'idée qu'il a d'un être nécessaire correspond un être réellement existant et nécessaire ; car si cet être était seulement possible, comme le possible ne convient pas au nécessaire, mais est le propre du contingent, cet être serait contingent, c'est-à-dire tout autre que celui dont Fénelon à l'idée ; il faut donc, ou nier qu'il ait l'idée d'un être nécessaire, ou reconnaître qu'il ne peut le concevoir que dans l'existence actuelle qui fait son essence.

HISTOIRE DE LA PHILOSOPHIE

58ᵐᵉ DISSERTATION

De l'autorité en matière de Philosophie d'après Pascal.

Bien souvent, par faiblesse ou par timidité, nous n'o-
sons penser que ce que les autres ont pensé avant nous;
nous renonçons à trouver par nous-mêmes, pour n'a-
dopter que les opinions de nos prédécesseurs. Mais
pourquoi nous borner ainsi aux idées que les anciens
nous ont léguées, sans essayer de penser par nous-
mêmes ? Pourquoi hésitons-nous à sortir du chemin
battu, et craignons nous de nous aventurer hors de la
route déjà suivie ? — C'est le changement seul qui est
la condition du progrès, et rien n'est plus contraire au
développement des sciences que la routine. Ennemie
déclarée de toute innovation, elle se renferme dans le
passé, sans vouloir en sortir ; elle rive l'esprit aux connaissances qui lui ont été transmises, et l'empêche de
prendre son essor pour en acquérir de nouvelles. Pascal
a bien montré, dans son opuscule sur l'*Autorité en ma-*

tière de Philosophie, combien était contraire aux progrès de l'esprit cette manie de ne juger les choses que d'après les anciens.

Il avoue que, quand il s'agit des sciences, comme l'histoire, la géographie, ou d'autres que nous ne pouvons vérifier par nous-mêmes, nous sommes obligés de nous en rapporter à la tradition du passé; et même, en chrétien zélé, il est d'avis que tous les dogmes de la religion soient reçus sans examen, et que rien ne soit changé à la théologie telle que nous l'ont transmise les pères de l'Eglise; mais pour les autres sciences, qui sont accessibles à nos investigations, et qu'il nous est permis de vérifier, nous ne devons pas embrasser aveuglément les opinions des anciens, et nous y renfermer sans essayer d'en acquérir qui nous soient propres. Imitons les anciens eux-mêmes; puisqu'ils sont parvenus à acquérir des connaissances assez étendues, ils n'ont donc pas hésité à ajouter leurs propres idées à celles de leurs devanciers; car s'ils s'étaient condamnés à ne rien penser qui n'ait été pensé avant eux, ils seraient restés dans un état de complète ignorance. Mais puisque ce n'est qu'en contrôlant les idées de leurs prédécesseurs qu'ils ont formé la science qu'ils nous ont léguée, imitons-les, et loin de nous en contenter, efforçons-nous de l'agrandir encore. — Sans doute, il faut leur être reconnaissants de nous avoir ouvert la voie; mais cette reconnaissance ne doit pas aller jusqu'à nous faire accepter toutes leurs opinions sans contrôle, ni jusqu'à nous faire regarder leurs assertions comme le dernier mot de la science humaine. Maintenant, par exemple, que les télescopes nous ont permis d'apercevoir les myriades

d'étoiles dont se compose la *voie lactée*, nous n'adopte-
rons pas l'opinion des anciens, qui la considéraient
simplement comme une raie colorée de la voûte céleste.

Lorsque notre raison est parvenue à sa maturité, nous
rions des préjugés de notre enfance ; pourquoi voudrions-
nous que l'humanité, qui compte maintenant de longs
siècles d'existence, n'ait pas plus de raison en ce moment que dans les temps primitifs ? Le genre humain
dans son ensemble est comme un seul homme qui aurait
vécu depuis le commencement du monde ; maintenant,
son intelligence est développée, elle est plus apte à découvrir et rechercher la vérité. Nous respectons l'autorité de la vieillesse ; nous nous appuyons sur son expérience : c'est donc nous-mêmes que nous devons
consulter et croire, puisque nous sommes plus âgés que
les anciens, et que ceux-ci n'étaient encore qu'à l'enfance de l'humanité. Il n'en est pas de l'intelligence
comme de l'instinct des animaux. L'instinct n'admet pas
de progrès ; il atteint de suite son plus haut degré de
perfection. Les abeilles faisaient aussi bien leurs ru-
ches, il y a mille ans, que maintenant : mais l'intelligence
humaine suit une marche ascendante ; elle est faite pour
le progrès, et n'a pas encore atteint ses limites.

Ainsi, dans la philosophie, comme dans les autres
sciences qui ne relèvent que de notre raison, nous ne
devons pas nous renfermer dans les idées de nos prédécesseurs ; mais nous devons les examiner, faire la part
du vrai et du faux qui peuvent y entrer, nous appuyer
sur ce qu'elles présentent de bon, pour nous élever à la
connaissance d'autres vérités, et ne pas craindre de re-

jeter ce qui nous paraît entaché d'erreur ; c'est ainsi que les sciences seront enrichies de nouvelles découvertes et que de nouveaux horizons s'ouvriront devant nous de jour en jour.

59ᵐᵉ DISSERTATION

Comparer Platon et Aristote, Bacon et Descartes

Il y a dans l'histoire de la philosophie deux grandes époques, illustrées, l'une par Platon et Aristote dans l'antiquité, l'autre par Descartes et Bacon dans les temps modernes. Chacune de ces époques est signalée par l'immense progrès que firent accomplir à la philosophie les plus grands génies dont elle s'honore. Platon et Aristote furent les fondateurs de la philosophie antique. Tous les systèmes qui suivirent ne furent que des transformations ou des exagérations de leurs principes. De même, Bacon et Descartes furent les créateurs de la philosophie moderne, et l'on retrouve leurs idées, transformées ou exagérées, dans la plupart des doctrines enseignées par leurs successeurs. Il importe donc de comparer Platon et Aristote, Bacon et Descartes, et d'examiner quelles furent les tendances particulières de chacun d'eux. Cette étude ne peut que jeter une vive lumière sur les écoles qui suivirent et qui toutes, plus ou moins, ont subi leur influence.

On oppose souvent Platon et Aristote comme ayant
été, l'un, le chef de l'idéalisme, l'autre le fondateur de
l'école expérimentale ; non pas que Platon ait nié la réalité sensible, ou qu'Aristote n'ait rien vu au delà des
sens ; mais la philosophie académicienne témoigne d'une
tendance à l'idéalisme, tandis que la doctrine péripatéti-
cienne porte les traces d'une tendance à l'empirisme.
Ces deux tendances opposées se manifestent dans la logique, la morale, la métaphysique, et la politique des
deux philosophes. Tous deux répètent avec Socrate
qu'il n'y a de science que celle du général ; mais Platon place le général, non dans les choses sensibles, qui
sont dans une mobilité et un écoulement perpétuels,
mais dans les idées, considérées non pas comme des
modifications de notre âme, comme des phénomènes sub-
jectifs, mais comme des réalités objectives, des types,
des exemplaires et toutes choses. Tandis qu'Aristote,
loin de partager la théorie des idées types, ne sépare pas
le général des choses particulières ; il n'existe point en
dehors d'elles, c'est dans les choses que la science doit
le chercher et le découvrir. En morale, Platon place le
souverain bien en Dieu, de sorte que tous nos efforts
doivent tendre à la ressemblance avec Dieu ; tandis
qu'Aristote place dans l'homme lui-même le souverain
bien qu'il identifie avec le bonheur, et il fait consister le
bonheur dans la pratique de la vertu ; Platon prête à
l'homme deux sortes d'âme, l'une rationnelle, complètement étrangère à l'organisme ; l'autre sensible et unie
avec le corps ; Aristote, loin d'admettre comme Platon,
une âme complètement séparée du corps, resserre encore
son union avec lui, sans cependant les confondre — Pla-

to n admettait une intelligence suprême renfermant en elle les idées exemplaires de toutes choses, une intelligence créatrice et protectrice du monde. Le Dieu d'Aristote n'est pas un dieu moral, une providence ; à l'égard du monde c'est simplement une force motrice ; il le meut, mais ne veille pas sur lui ; il ne pense qu'à lui-même, car il est le seul objet digne de sa pensée. — En politique, Platon voulant réaliser une unité idéale, sacrifie la famille et la propriété à l'Etat : plus positif, Aristote les rétablit, et ne se laisse point, comme son maître, égarer par des utopies communistes. Il est donc facile de voir la tendance empirique dominer dans la philosophie d'Aristote, la tendance idéaliste dans celle de Platon ; nous allons voir les doctrines de Bacon et de Descartes offrir les mêmes différences.

Bacon et Descartes présentent d'abord tous deux ce caractère qui leur est commun :

Ils proclament la liberté de la raison, secouent le joug de la théologie et de la philosophie ancienne, et ne veulent s'en rapporter qu'aux seules lumières naturelles et au bon sens. Tous deux ne cessent de recommander l'emploi de la méthode, et tous deux joignent l'exemple au précepte, mais la profonde différence qui les sépare, c'est que l'un s'applique à l'étude des choses sensibles, l'autre à l'étude des choses rationnelles ; c'est que l'on a fait Bacon le chef de l'empirisme, et Descartes le chef de l'idéalisme. Non pas que Bacon soit essentiellement sensualiste ; il ne traite point, d'ailleurs, la question de l'origine de nos connaissances. Mais sa recommandation obstinée de l'expérience, sa préoccupation exclusive des phénomènes matériels révèlent clairement chez lui une tendance empirique. La tendance idéaliste est encore plus accusée chez Descartes ; s'il ne nie point la réalité des choses sensibles, du moins il s'en occupe peu, il les méprise presque, et affirme avec plus de certitude les grandes vérités métaphysiques, que la réalité des objets du monde extérieur.

Ainsi cette double tendance que l'on peut remarquer dans toute l'histoire de la philosophie, se trouve en même temps chez Platon et Aristote, chez Bacon et Descartes. Leur influence respective a été la même, et leur gloire est égale ; car dans chacun d'eux, la tendance dominante a été maintenue dans de justes limites. Mais leurs disciples n'imitèrent point leur réserve, et l'on voit dans l'antiquité, le mysticisme, suite ordinaire de l'idéalisme, sortir de la philosophie de Platon, et le scepticisme de celle d'Aristote, et dans les temps modernes, l'influence de Bacon et celle de Descartes produire les mêmes effets.

60ᵐᵉ DISSERTATION

Les quatre règles de la méthode de Descartes

Au seizième siècle, au moment où la philosophie scolastique venait de succomber, la raison, à peine sortie des langes où l'avait tenue l'école, et comme enivrée de sa liberté récente, se livre, sans guide et sans frein, à toutes les rêveries du néoplatonisme et du mysticisme, ou erre sans appui au milieu des indécisions du scepticisme.

Mais avec Descartes parut une philosophie nouvelle que fit disparaître à jamais, les *formes substantielles*, les *qualités occultes*, et qui donna à la raison un guide et un appui. Ne trouvant partout qu'erreur et contradiction, Descartes se défait de toutes les opinions qu'il avait jusque là admises en sa créance, et prend la résolution d'élever une philosophie nouvelle sur les ruines de l'ancienne. Et pour arriver sûrement à son but, et découvrir enfin la vérité, il se trace ces quatre règles :

I. — «Ne recevoir jamais aucune chose pour vraie, que je ne la connaisse évidemment être telle, c'est-à-dire éviter la précipitation et la prévention, et ne rien comprendre de plus en mes jugements, que ce qui se présenterait si clairement à mon esprit, que je n'eusse aucune occasion de le mettre en doute. » Ainsi, l'évidence ; voilà le principe de toute certitude, la marque de toute vérité ; toutes les assertions qui ne présenteront pas ce caractère devront être rejetées, et réputées fausses. Se défaire de ses préjugés, soumettre les opinions que la mode ou l'habitude ont consacrées, au sévère contrôle de la raison, n'admettre que celles qui se présenteront revêtues d'un caractère d'évidence, ne point craindre d'examiner les questions à résoudre sous toutes leurs faces, apporter dans cet examen une grande attention, et éviter de juger légèrement, voilà ce que Descartes recommande tout d'abord.

II. — « Diviser chacune des difficultés que j'examinerais, en autant de parcelles qu'il se pourrait, et qu'il serait requis pour les mieux résoudre. » — On peut facilement reconnaître que Descartes conseille ici l'emploi de l'analyse considérée comme méthode. Bien des choses, en effet, se présentent à nous dans une complexité qui rend nécessaire l'emploi de l'analyse. Bien souvent, un simple coup d'œil ne peut nous faire apercevoir la vérité, l'attention même serait impuissante à nous la faire découvrir. Il faut alors poser la question, la difficulté à résoudre, l'examiner dans toutes ses parties. C'est ainsi qu'après en avoir pris une exacte connaissance, nous pourrons arriver à sa solution.

III. — « Conduire par ordre nos pensées en commençant par les objets les plus simples et les plus aisés à connaître, pour monter, peu à peu, comme par degrés, jusqu'à la connaissance des plus composés. » — Quelle confusion n'y aurait-il pas en effet, dans nos pensées, si commençant par les objets les plus compliqués, nous nous aidions de la connaissance imparfaite que nous en avons, pour examiner d'autres objets ! On ne pourrait bâtir rien de solide sur une base aussi peu ferme : notre raison errerait sans méthode et sans règle, d'une question à une autre, sans pouvoir en résoudre aucune. Au lieu de l'obscurité que ferait naître dans l'esprit un pareil procédé, quelle vive clarté n'y voyons-nous pas briller, par suite de l'emploi de la méthode préconisée par Descartes ! Sur une notion simple, aperçue par la raison, grâce à l'évidence, nous nous appuyons pour nous élever peu à peu jusqu'à la connaissance des vérités les plus compliquées ; c'est ainsi que Descartes, joignant l'exemple au précepte, rétablissait sur le fondement

d'une première vérité, tous les grands principes de religion et de morale.

IV.— « Faire partout des dénombrements si entiers, et
des revues si générales, que je fusse assuré de ne rien
omettre. » — C'est-à-dire que l'analyse, pas plus que la
synthèse, ne doit rien laisser de côté. Examiner les
choses dans leurs plus petits détails, ne laisser rien
d'obscur dans l'esprit, avant d'aller plus avant, tel est
le quatrième conseil que donne Descartes.

C'est en suivant les règles de cette méthode, en assujettissant son esprit aux procédés qu'il s'était lui-même
tracés, que Descartes est parvenu à élever une nouvelle
philosophie, à l'aide des seules lumières de la raison.
L'application des règles de la méthode fut le signal du
triomphe du bon sens, sur les préjugés de la routine.

61ᵐᵉ DISSERTATION

**Montrer par quelques exemples l'influence de la
doctrine Cartésienne dans la logique de Port Royal.**

Au moment où Descartes établissait une nouvelle philosophie, Gassendi cherchait à répandre ses doctrines
épicuriennes, l'athéisme et le matérialisme tendaient à
s'établir, l'irréligion et la licence semblaient s'emparer
de plus en plus des esprits ; et cette philosophie nouvelle, fondée sur l'évidence naturelle et la raison sem-

bla un véritable bienfait. Aussi tous les esprits éclairés ne tardèrent pas à embrasser la doctrine de Descartes, qui sortant des préjugés et de la routine de l'Ecole s'adressait au simple bon sens et aux lumières de la raison. Et ce furent surtout Arnaud et Nicolle, les illustres solitaires de Port Royal, qui y adhérèrent avec le plus d'empressement, et qui contribuèrent le plus à la répandre.

Leur *Art de penser* tout entier porte la marque des idées cartésiennes, et partout elles y apparaissent. Déjà dans les deux magnifiques discours préliminaires, Arnaud et Nicolle laissent voir leur admiration pour Descartes, en avouant que la plupart des réflexions qu'ils vont mettre sous les yeux des lecteurs sont tirées (des ouvrages d'un célèbre philosophe de ce siècle qui a autant de netteté d'esprit qu'on trouve de confusion dans les autres). Puis ils proclament avec Descartes que l'évidence seule est la base de la certitude, et que sans s'appuyer sur les préjugés, ni la routine, on ne doit examiner les choses qu'aux seules lumières de la raison.

Si nous suivons maintenant les deux auteurs dans leur savant ouvrage, nous verrons les idées cartésiennes apparaître à chaque pas. Dans la première partie de l'*Art de penser*, où Arnaud et Nicolle traitent des *idées*, nous les voyons s'appuyer sur la doctrine de Descartes, pour réfuter les systèmes empiriques, et pour établir l'innéité de la raison. Ils développent le fameux : *Cogito, ergo sum*: Nous pensons, disent-ils, l'évidence est là pour nous l'attester ; nous sommes, l'évidence nous l'affirme encore. Si donc on ne peut nier que nous ayons en nous les idées de l'être et de la pensée, par

quel sens peuvent-elles être entrées en notre esprit ?
Sont-elles lumineuses ou colorées, pour être entrées par
la vue? — ..... etc.). Après avoir aussi parlé de l'origine des idées, ils étudient ensuite leur objet ; leur sim-
plicité et leur composition ; leur clarté et leur obscurité,
et de ce dernier chapitre c'est encore la philosophie de
Descartes qui fait tous les frais. Comme exemple d'idées
obscures, ils citent les idées de *chaleur*, de *froid*,
d'*odeur* etc... que l'on confond souvent, d'après eux, en
les considérant soit comme impressions organiques,
soit comme qualités des objets. Enfin, ils donnent contre
la confusion des idées un remède qui est celui-là même
de Descartes: « L'unique remède aux idées confuses est
de nous défaire des préjugés de notre enfance. »

S'ils s'inspirent surtout de Descartes dans la partie
psychologique de leur œuvre, dans les chapitres où ils
traitent du jugement, du raisonnement, du syllogisme,
ils s'appuient encore sur la *physique* de Descartes pour
tourner en ridicule les formes substantielles de l'Ecole,
et attaquer les opinions d'Aristote, en les proposant
comme exemples de Sophisme.

Enfin dans la dernière partie qui a pour objet la méthode, Arnaud, avant de donner les moyens d'arriver
à la vérité, se demande si elle existe, mettant ainsi en
pratique le doute méthodique de Descartes. Pour résoudre le problème qu'il se pose, il s'appuie encore sur le
« *cogito, ergo sum* », et il affirme que toutes les pensées
qui sont aussi claires, aussi certaines que celle-là, sont
assurément conformes à la vérité. Le scepticisme serait
une folie devant l'évidence, voilà ce que pense Arnaud
avec Descartes.

10.

Ainsi l'*art de Penser* se sert constamment des découvertes et des pensées de Descartes, comme exemples de méthodes et de bons raisonnements ; c'est un des ouvrages qui ont le plus contribué à répandre les doctrines nouvelles, malgré l'injuste opposition d'un ordre alors puissant, et on peut le regarder, ainsi que le *Traité de l'existence de Dieu* de Fénélon et le *Traité de la connaissance de Dieu et de soi-même* de Bossuet, comme les plus beaux panégyriques du cartésianisme.

62ᵐᵉ DISSERTATION

Malebranche et Spinoza.

Descartes avait arrêté la philosophie sur la pente du scepticisme où Montaigne et Charron l'avaient lancée : Par son fameux *cogito, ergo sum*, il avait montré, environné de la plus parfaite évidence, le fait de sa propre existence ; et sur cette première vérité, il avait rétabli toutes les grandes vérités de la morale et de la religion. Mais la tendance de Descartes à faire de Dieu la seule cause efficiente, la distinction profonde qu'il établissait entre l'âme et le corps allaient changer sa doctrine en rêveries philosophiques.

Je suis, avait dit Descartes, mais que suis-je ? — Il ne connaît rien encore, et pourtant il se connaît déjà ; il suppose que toutes les choses du monde ne sont rien, et pourtant il ne laisse pas d'être certain d'être quelque chose. Puisqu'il peut ainsi concevoir son *moi*, son âme indépendamment de tous les corps et du sien propre, c'est qu'elle n'a aucune des qualités du corps. Le caractère essentiel de l'âme consiste dans la pensée ; celui du corps réside dans l'étendue, et il n'y a rien de commun entre la pensée et l'étendue, voilà le principe que posait Descartes et sur lequel Malebranche va s'appuyer.

Deux substances si opposées ne peuvent agir l'une sur l'autre : le corps étant une pure étendue, et l'âme un pur esprit, il est impossible, dit Malebranche, que le corps agisse sur l'âme, et réciproquement. Et pourtant nous voyons que ces natures si différentes sont étroitement unies. A chaque acte volontaire de l'âme, correspond un mouvement du corps, et chaque impression organique est suivie dans l'âme d'une émotion ou d'une idée. Comment expliquer cette union? Malebranche déclare que cette union n'est qu'apparente, que le corps et l'âme restent profondément distincts, sans action l'un sur l'autre, et que les rapports que l'on observe entr'eux ne sont dus qu'à une continuelle intervention de Dieu. La substance divine est unie à la fois à la substance spirituelle et à la matière corporelle. L'âme veut-elle mouvoir le corps, elle ne pourrait agir sur lui directement ; mais Dieu, à l'occasion de la volonté exprimée par l'âme, met le corps en mouvement. L'âme est donc la cause occasionnelle et non la cause efficiente du mouvement du corps. D'un autre côté, l'âme étant unie à Dieu, pourra connaître les vérités éternelles qui n'existent qu'en lui. Mais comment connaîtra-t-elle les objets du monde extérieur? Ces objets peuvent, il est vrai, agir sur le corps; mais l'âme étant étrangère au corps, comment pourra-t-elle en prendre connaissance? C'est encore Dieu qui intervient. L'âme voit en Dieu les idées que font naître en lui les impressions produites par les objets extérieurs sur notre substance corporelle à laquelle Dieu est aussi uni.

Mais une nouvelle difficulté se présente; s'il était difficile d'expliquer l'union de l'âme et du corps, il est bien plus difficile d'expliquer l'union de l'âme et du corps avec Dieu, de l'imparfait avec le parfait, du fini avec l'infini. Spinoza s'empare de cette objection pour établir son panthéisme. Toute cause secondaire agissant indépendamment de Dieu et en dehors de lui, serait une limite à sa toute puissance, l'âme ne peut donc d'elle-même agir sur le corps; Spinoza en convient avec Malebranche, mais poursuivant toujours le même raisonnement, il affirme que la substance de l'âme et la matière corporelle ne peuvent exister en dehors de Dieu, parce que si ces substances étaient étrangères à la substance divine, elles seraient une limite à la plénitude de son être, et borneraient son immensité; elles ne font donc avec lui qu'une seule et unique substance, et Spinoza explique ainsi l'union de l'âme et du corps avec Dieu. Dieu, l'âme, le corps, le monde, tout ne fait donc plus qu'une seule et unique substance, à la fois étendue et pensante, infinie et bornée, dont la pensée et le mouvement, les phénomènes physiques comme les faits intellectuels ne sont que des modes.

Tout l'avantage que Spinoza peut avoir sur Malebranche, c'est qu'il est plus conséquent avec lui-même; mais quant à sa doctrine, elle n'est pas plus admissible que celle du père de l'oratoire. Chacun de nous a l'intime persuasion qu'il possède sur son corps une action directe et immédiate; et chacun, loin de se sentir incorporé à la substance divine, ne conçoit Dieu que comme une puissance supérieure et au-dessus de lui, dont il se reconnaît le sujet et l'humble créature.

TABLE DES MATIÈRES

MORALE

THÉODICÉE

HISTOIRE DE LA PHILOSOPHIE

Imprimerie A. DERENNE, Mayenne. — Paris, boulevard Saint-Michel, 52

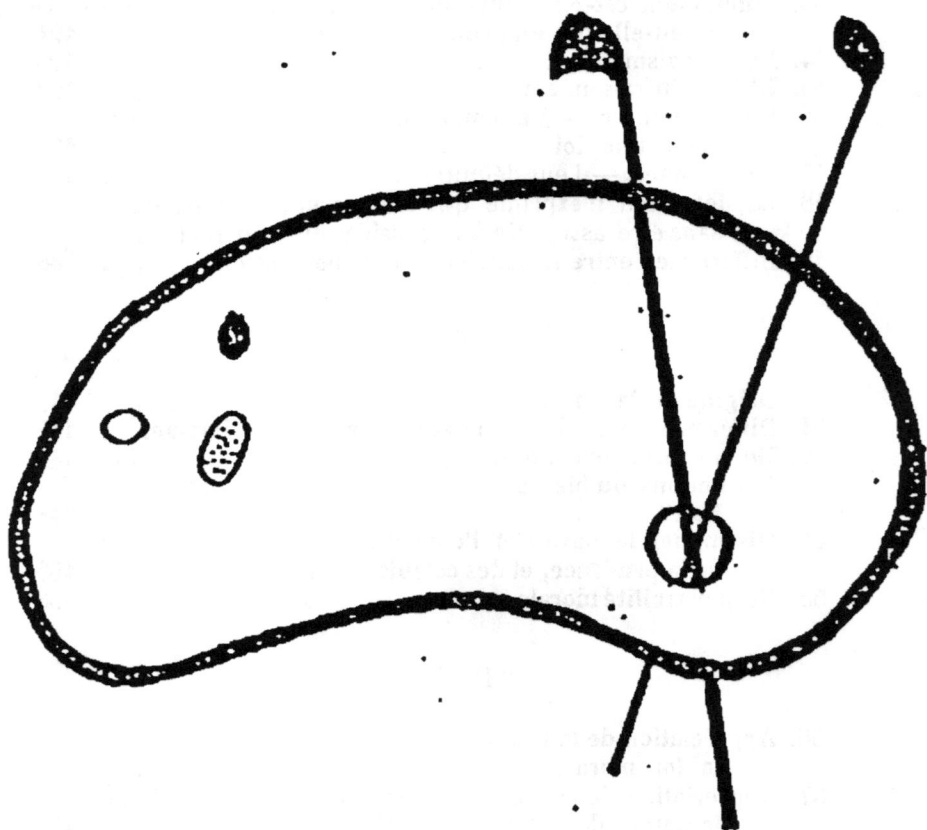

ORIGINAL EN COULEUR
NF Z 43-120-8